뜻을 담은 철자 이미지로
빠르게 외우고 오래 기억한다!

3초 보카

철자에 이미지로 스토리를 담다

단어의 철자에 뜻을 연상할 수 있는
스토리를 담았습니다.
무작정 달달 외우려고 하지 말고,
이미지를 보며 철자와 의미를 저장해 보세요.
쉽게 외우고 오래 기억할 수 있습니다.

기획부터 마무리까지
많은 분들이 내용을 검토해 주셨고,
저희는 수많은 의견을 성실히 반영하여 책을
발간하였습니다. 참여해 주신 모든 분들께
다시 한 번 감사드립니다. 언제나 고객과
소통하는 천재교육이 되겠습니다.

철자 이미지 진선주
만화 손도영, 셔터스톡

검토
선생님 _
강길연 곽서연 김선화 김성희 김영순 박해숙 서유진 안다문 오금윤 유가영
유지숙 윤혜선 이명희 이정란 이혜리 진지혜 최계숙 최소영 한지영

학생 _
기유민 김경애 김명훈 김수연 김승현 김양일 김우현 김창민 김하연 김현진
박서연 박서진 박재민 박정은 박한얼 박현선 성민현 송지민 송혜승 신민곤
신정규 신채림 안준영 오윤경 오현영 원세빈 유지오 이다인 이단비 이우진
이유정 이준서 이현우 임수인 장민경 장예지 정희진 최규빈 최민수 최수현
최 영 추혜성 한영민 홍진범 황인하 황정빈

이 책의 차례

온라인 자료 수록

- **발음기호 동영상강의:** ① QR코드 ② 천재교육 홈페이지
- **단어·예문 듣기:** ① QR코드 ② 천재교육 홈페이지
- **어휘테스트 출제프로그램:** 천재교육 홈페이지

 《3초 VOCA》 **중학 영단어**에 이어 **고등 영단어**로 공부하세요.
중학 필수 어휘는 물론이고 고등 어휘까지 마스터할 수 있습니다.

❶ 철자 이미지 빠르게 외우고 오래 기억할 수 있도록 철자에 뜻을 담아 이미지로 표현

❷ 단어 중학교 교과서 앞 단원에 나오는 쉬운 단어부터 단계를 밟아 차근차근 제시

❸ 보조 덩어리로 익힐 수 있는 변화형
　① 파생어, 반의어, 유의어
　② 명사, 동사의 불규칙 변화형

❹ 예문 단어의 쓰임을 쉽고 명쾌하게 파악할 수 있는 유용한 예문

 TIP 단어에 관한 이야기식 설명
　① 시험에 잘 나오는 핵심 짚기
　② 복합어, 혼동어, 발음, 문화 상식 이야기

❻ 숙어 가장 흔히 쓰이고, 교과서와 시험에도 잘 나오는 기본 숙어

A 영어는 우리말로, 우리말은 영어로 쓰기 **❼**

01 hero _____ 09 십 대의 소년, 소녀 _____
02 friendship _____ 10 취미 _____
03 enjoy _____ 11 연습하다 _____
04 build _____ 12 넘버하다 _____
05 science _____ 13 역사 _____
06 easy _____ 14 어려운 _____
07 able _____ 15 이른: 일찍 _____
08 sight _____ 16 근원, 출처 _____

B 관계에 주의하여 단어 쓰기

17 [쉬운] ─ 반대어 ─ [어려운]
18 [일찍] ─ 반대어 ─ [늦게]
19 [~할 수 있는] ─ 명사형 ─ [능력]

C 숙어 이용하여 문장 완성하기

20 I was...
나는 ...

21 I wa...
시간에 ...

22 I thi...
나는 ...

그림을 묘사하는
서술형 문제에
익숙해지는 연습

Day 03 = 29

---

❼ **복습** 배운 내용을 확인하는 기초 평가
① 단어, 뜻, 파생어 쓰기
② 숙어 확인하기

❽ **접사** 어휘를 접사별로 공부하며
어휘력을 높일 수 있는 장치

Day **43**

■ 뒤에 붙어 명사를 만드는 **-al**

arrive
↓
arrival **❽**

동 도착하다
명 도착
Our **arrival** time at Gimpo Airport is 1 p.m.
우리가 김포 공항에 도착하는 시간은 오후 1시입니다.

02 propose
↓
proposal

빠른 이해를 돕기 위하여
기본형과 접사가 붙은 형태를
세트로 제시하는 센~스!

03 survive
↓
survival

동 살아남다, 견뎌 내다
명 생존
His chances of **survival** are very low.
생존 가능성이 매우 희박하다.

04 bury
↓
burial

동 묻다, 매장하다
명 매장, 장례식
They sent her body home for **burial**.
그들은 그녀의 시신을 매장하려고 고향으로 보냈다.

CULTOON
단어 속 문화 이야기

❾ 영어 이름(name)에 담긴
문화 이야기

My **name** is Tim Butler.
(내 이름은 팀 버틀러.)
영어 이름은 '이름 - 성' 순서표 써,
그러니 Butler 말고 Tim이라고 불러줘.

Just
call me
Tim!

아빠(father)는 Nick Butler(닉 버틀러),
낯선 이름은 Mr. Butler 처럼
성 앞에 예의를 붙여서 불러.

엄마(mother)는 Sue Butler(수 버틀러).
아빠 이름은 성 앞에 Ms를 붙여서
Ms. Butler라고 부르면 돼.

Basic Words 이야기에 사용된 기본 어휘 쓰기

* 이름 _____   * 아빠 _____   * ~ 씨(남자) _____
* 엄마 _____   * ~ 씨(여자) _____

30 • PART 1

❾ **스토리텔링** 어휘와 관련 있는 영미 문화를
스토리텔링 식으로 소개

카툰 다이어리 형식으로 진행되는
흥미로운 이야기로 머리 식히기!
'재미'와 '상식'을 놓치지 말자.

1 모음

알파벳처럼 한 번만 익혀 두면 평~생 갑니다.

a ㅏ	e ㅔ	i ㅣ	o ㅗ	u ㅜ
æ ㅐ	ɛ ㅔ	ɔ ㅗ/ㅓ 사이	ʌ ㅓ	ə ㅓ
**ja ㅑ	je ㅖ	jə ㅕ	jo ㅛ	ju ㅠ
***wa ㅘ	we ㅞ	wi ㅟ	wɔ ㅝ/ㅘ	wə ㅝ

＊ 모음 뒤에 [:]표시가 있으면 길~게 읽습니다. (예: [e:] 에-)
＊＊ 모음 앞에 [j]가 붙으면 '야, 여, 요'같은 이중 모음이 됩니다. (예: [je] 예)
＊＊＊ 모음 앞에 [w]가 붙으면 '와, 웨, 워'같은 이중 모음이 됩니다. (예: [we] 웨)

모음 연습

발음기호를 읽고 해당하는 단어를 찾아 쓰세요.

① _____ [ai]　　　② _____ [ə]

③ _____ [ju]　　　④ _____ [jeə]

⑤ _____ [wi]　　　⑥ _____ [wei]

a	I	we	way	you	yeah

Answers ① I ② a ③ you ④ yeah ⑤ we ⑥ way

2 자음

b ㅂ	v ㅂ	d ㄷ	g ㄱ	z ㅈ
p ㅍ	f ㅍ/ㅎ	t ㅌ	k ㅋ	s ㅅ
ð ㄷ	ʒ 쥐	dʒ 쮜	h ㅎ	
θ 쓰	ʃ 쉬	tʃ 취		
l ㄹ	r ㄹ	m ㅁ	n ㄴ	ŋ 받침 ㅇ

＊ 하늘색은 발음할 때 목 떨림이 있는 자음이고, 회색은 떨림이 없는 자음입니다.

모음+자음 연습

발음기호를 읽고 해당하는 단어를 찾아 쓰세요.

① _____ [gud] ② _____ [mʌtʃ]

③ _____ [jʌmi] ④ _____ [wɔnt]

⑤ _____ [θæŋk] ⑥ _____ [fɑðər]

> want   much   father   good   yummy   thank

Answers ①good ②much ③yummy ④want ⑤thank ⑥father

품사

- 사람이나 사물의 이름
- 문장에서 주어, 목적어, 보어로 쓰임
  ↳ mom(엄마), pet(애완동물), hat(모자)

명사

- 명사를 대신하는 말
- 명사와 마찬가지로 문장에서 주어, 목적어, 보어로 쓰임
  ↳ it(그것), you(너), this(이것)

대명사

형용사

- 사람이나 사물의 상태, 성질, 모양 등을 나타내는 말
- 명사를 꾸밈
  ↳ nice(좋은), soft(부드러운), big(큰)

동사

- 동작이나 상태를 나타내는 말
  ↳ go(가다), like(좋아하다), meet(만나다)

품사를 알아야 문장 속 쓰임을 이해할 수 있어요.

확인

문장에 쓰인 단어의 품사를 확인하세요.

① Teddy sleeps. 테디는 잔다.
　　명사　　동사

② They are cute. 그들은 귀엽다.
　대명사　동사　형용사

③ Many children like pets. 많은 아이들이 애완동물을 좋아한다.
　형용사　　명사　　동사　명사

- 시간, 장소, 이유, 방법 등을 나타내는 말
- 동사, 형용사, 다른 부사를 꾸밈
  ↳ very(매우), there(거기에), really(정말로)

부사

- 명사나 대명사 앞에 놓여 다른 명사나 대명사와의 관계를 나타내는 말
  ↳ in(~ 안에), with(~와 함께), behind(~ 뒤에)

전치사

감탄사

- 놀람이나 느낌, 응답 등을 할 때 감탄을 표현하는 말
  ↳ wow(와), oh(아), hmm(음)

접속사

- 단어, 구, 문장 등을 이어 주는 말
  ↳ and(그리고), but(그러나), because(왜냐 하면)

＊ 하나의 단어가 여러 품사로 쓰이기도 합니다.

확인

문장에 쓰인 단어의 품사를 확인하세요.

① We saw very pretty flowers. 우리는 아주 예쁜 꽃을 보았다.
　대명사　동사　부사　형용사　명사

② Koalas and kangaroos live in Australia. 코알라와 캥거루는 호주에 산다.
　명사　접속사　명사　동사 전치사　명사

③ Oh, they eat too much. 아, 그들은 너무 많이 먹는다.
　감탄사　대명사　동사　부사　부사

· Well begun is half done. 시작이 반이다.

· Where there is a will, there is a way. 뜻이 있는 곳에 길이 있다.

· A good book is a great friend. 좋은 책은 훌륭한 친구이다.

PART

중학 Basic
Day 01 ~ Day 20

PART 1에서는 중학교 1
학년 교과서와 학교 시험
문제에 잘 나오는 단어와
숙어를 20개씩 묶어서 공
부합니다.

CULTOON

영어 이름(name)에 담긴 문화 이야기

My name is Tim Butler.
(내 이름은 팀 버틀러야.)
영어 이름은 '이름 – 성' 순서로 써.
그러니 Butler 말고 Tim이라고 불러줘.

Just call me Tim !

아빠(father)는 Nick Butler(닉 버틀러).
남자 어른은 Mr. Butler 처럼
성 앞에 Mr.(~씨)를 붙여서 불러.

엄마(mother)는 Sue Butler(수 버틀러).
여자 어른은 성 앞에 Ms.(~씨)를 붙여서
Ms. Butler라고 부르면 돼.

Basic Words 이야기에 사용된 왕기초 어휘 쓰기

- _____ 이름
- _____ 아빠
- _____ ~ 씨 (남자)
- _____ 엄마
- _____ ~ 씨 (여자)

여동생(sister)은 Elizabeth인데
Liz라는 애칭으로 줄여 부르고,
남동생(brother)은 Michael인데
역시 Mike라는 애칭으로 불러.

삼촌(uncle)이랑 고모부(uncle)도 계셔.
영어로는 (외)삼촌, 고모부, 이모부 같은
남자 친척 어른은 모두 uncle이라고 해.

마지막으로 우리 고모(aunt)야.
여자 친척 어른인 숙모, 고모, 이모는
모두 aunt라고 해.

| • _____ 여동생 | • _____ 남동생 | • _____ 삼촌, 고모부 |
| • _____ 고모, 이모 | • **grandfather** 할아버지 | • **grandmother** 할머니 |

01 introduce
[ìntrədʒúːs]

동사 소개하다, 도입하다

Let me **introduce** myself. I'm Theo.
내 소개를 할게. 난 테오야.

02 greet
[griːt]

동사 인사하다, 환영하다, 맞이하다
greeting **명사** 인사, 안부의 말

Greet each other with a smile.
미소 지으며 서로 인사하세요.

03 hometown
[hóumtàun]

명사 고향

My **hometown** is a farming village.
내 고향은 농촌이다.

> home(집) + town(도시) = hometown(고향)
> home 혼자서 '고향'을 뜻하는 말로 쓰이기도 해.

04 nickname
[níknèim]

명사 애칭, 별명

Sue is the **nickname** for Susan. 수는 수잔의 애칭이다.

Her **nickname** is Witch. 그녀의 별명은 Witch(마녀)이다.

> 우리가 '동준'이를 '준'이라고 줄여서 친근하게 부르기도 하는
> 것처럼 영어 이름도 애칭(nickname)으로 부르는 경우가 많아.
> Michael(마이클) → Mike, Nicholas(니콜라스) → Nick,
> Susan(수잔) → Sue, Elizabeth(엘리자베스) → Liz

05 downtown
[dàuntáun]

부사 시내에(서), 번화가로
명사 시내, 중심가, 상업 지구

I saw your brother **downtown** yesterday.
어제 시내에서 너희 오빠를 봤어.

I live near **downtown**.
나는 시내 가까이에 산다.

06 lucky
[lʌ́ki]

형용사 운 좋은, 행운의

luck **명사** 행운

Seven is my **lucky** number. 7은 내 행운의 숫자이다.

미국의 프로야구 팀인 뉴욕 자이언츠 팀은 우연히도 몇 년간 계속해서 7회째에 좋은 결과를 얻었다고 해. 이 소문이 널리 퍼져 lucky seven(럭키 세븐, 행운의 7)이라는 말이 유행하게 되었어.

07 same
[seim]

형용사 같은, 동일한

Ted is 14, and I'm 14, too. We're the **same** age.
테드도 14살이고 나도 14살이다. 우리는 동갑이다.

08 different
[dífərənt]

형용사 다른, 차이가 나는

difference **명사** 차이, 다름

They're not the same. They're **different**.
그들은 똑같지 않아. 달라.

same ↔ different

09 **uniform**
[júːnifɔːrm]

명사 교복, 제복

I like my school **uniform**.
나는 우리 학교 교복이 마음에 들어.

He was wearing a fireman **uniform**.
그는 소방관 제복을 입고 있었다.

---

10 **class**
[klæs]

복 classes

명사 수업; 학급(반); 등급

We have a history **class** today.
우리는 오늘 역사 수업이 있다.

How many students are there in your **class**?
너희 반은 학생이 몇 명이야?

---

11 **classmate**
[klǽsmèit]

명사 같은 반 친구, 급우

My **classmates** are all friendly.
우리 반 친구는 모두 친절해.

> class(수업, 반) + mate(친구) = classmate(반 친구)
> 이런 식으로 mate를 붙여 만든 낱말에는 roommate(방을 같이 쓰는 친구), teammate(팀 동료) 등이 있어. 어휘력이 금방 늘지?

---

12 **favorite**
[féivərit]

형용사 매우 좋아하는, 마음에 드는
명사 좋아하는 사람, 인기 있는 사람, 좋아하는 물건

What's your **favorite** food? — It's ... YOU!
어떤 음식을 가장 좋아하니?   그건 ... 바로 너야!

13 **homework**
[hóumwə̀ːrk]

명사 숙제, 과제

housework **명사** 집안일

It's time to do my **homework**. 숙제할 시간이다.

> home(집) + work(일, 과제) = homework(숙제)
> house(집) + work(일, 과제) = housework(가사, 집안일)
> ···
> home과 house는 work와 합쳐지면 서로 다른 의미가 돼. 그래서
> 뜻을 구분하는 문제가 시험에 종종 나오니 꼭 기억해!

14 **library**
[láibrèri]

명사 도서관

I like to study in the **library**.
난 도서관에서 공부하는 게 좋아.

15 **meet**
[miːt]
- met - met

동사 만나다, 모이다

meeting **명사** 회의, 만남

Nice to **meet** you.
만나서 반갑습니다.

16 **pretty**
[príti]

형용사 예쁜 **부사** 꽤, 매우

You look **pretty**. 너 예쁘다.

You look **pretty** busy. 너 <u>무척</u> 바빠 보인다.

> pretty girl(예쁜 소녀): 명사 girl을 꾸미는 형용사
> pretty busy(매우 바쁜): 형용사 busy를 꾸미는 부사
> ···
> 쓰임(품사)을 구분하는 문제가 시험에 자주 나온다는 사실!

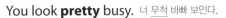

17 be from

~에서 오다, ~ 출신이다

Pedro **is from** Lima, Peru.
페드로는 페루의 리마 출신이다.

18 after school

방과 후에

I learn to play the guitar **after school**.
나는 방과 후에 기타 연주를 배운다.

19 be good at

~을 잘하다

I **am good at** math and science.
나는 수학과 과학을 잘한다.

James **is good at** playing baseball.
제임스는 야구를 잘한다.

> be good at 뒤에 동사를 쓰려면 playing처럼 동명사를 써야
> 한다는 것을 기억해.

20 be good for

~에 좋다

Exercise **is good for** your health.
운동은 건강에 좋다.

I'm **from** India.
난 인도 출신이야.

I'm **good at** yoga.
난 요가를 잘해.

Yoga **is good for**
your health.
요가는 건강에 좋아.

A 단어 영어는 우리말로, 우리말은 영어로 쓰기

01 introduce _____

02 hometown _____

03 downtown _____

04 same _____

05 uniform _____

06 classmate _____

07 homework _____

08 meet _____

09 인사하다 _____

10 애칭, 별명 _____

11 행운의 _____

12 다른 _____

13 수업; 학급 _____

14 매우 좋아하는 _____

15 도서관 _____

16 예쁜; 꽤, 매우 _____

B 단어 관계에 주의하여 단어 쓰기

17 _____ + __mate__ = _____
   학급   친구   반 친구

18 __home__ + _____ = _____
    집   과제   숙제

19 _____ ↔ _____
      같은   반의어   다른

C 숙어 숙어 이용하여 문장 완성하기

20 Sera likes to exercise _____ _____.

세라는 방과 후에 운동하는 것을 좋아한다.

21 She is _____ _____ jump rope.

그녀는 줄넘기를 잘한다.

22 Jumping rope is _____ _____ your health.

줄넘기는 건강에 좋다.

01 **background**
[bǽkgràund]

명사 배경, 배경지식, 배후 사정

There is a hill in the **background**. 배경에 언덕이 있다.

> back(뒤쪽) + ground(지면, 터, 바탕) = background(배경)
> ---
> BGM이라는 말을 들어봤니? BGM은 background music의
> 대표 글자를 모은 거고, 말 그대로 '배경 음악'이라는 뜻이야.

02 **diary**
[dáiəri]

명사 일기, 수첩

Do you write in your **diary** every day?
너는 매일 일기를 쓰니?

03 **wise**
[waiz]

형용사 현명한, 슬기로운

wisdom **명사** 지혜, 슬기

Europeans believe that owls are **wise**.
유럽 사람들은 올빼미가 지혜롭다고 믿는다.

> 그리스 신화에 나오는 지혜의 여신 아테나는 늘 올빼미(owl
> 아울)와 함께 있었고 때로는 올빼미로 변해 날아오르기도 했대.
> 그래서 유럽 사람들에게 올빼미는 지혜의 상징이 된 거야.

04 **member**
[mémbər]

명사 구성원, 회원

Tommy is a **member** of a baseball club.
토미는 야구 동아리 회원이다.

05 really
[rí(:)əli]

부사 정말로, 실제로, 진실로

real **형용사** 실제의, 진짜의

I **really** want to go on a picnic.
나는 정말 소풍 가고 싶어.

---

06 usually
[júːʒuəli]

부사 보통, 대부분, 대개

usual **형용사** 흔히 하는, 평상시의, 보통의

I **usually** read a book before bedtime.
나는 잠자기 전에 보통 책을 읽는다.

> real - really, usual - usually처럼 형용사(~한) 뒤에 ly를 붙이면 보통은 부사(~하게)로 변신해!

---

07 friendly
[fréndli]

형용사 다정한, 친절한

friend **명사** 친구

He is a very **friendly** person.
그는 참 다정한 사람이다.

---

08 lovely
[lʌ́vli]

형용사 사랑스러운, 아름다운

love **명사** 사랑 **동사** 사랑하다

Isn't she really **lovely**?
그녀는 정말 사랑스럽지 않아요?

> friend - friendly, love - lovely는 ly가 붙었지만 형용사야! 부사로 착각하기 쉬워서 시험에 잘 나오니 품사를 꼭 기억해!

09 **birthday**
[bɔ́ːrθdèi]

명사 생일

birth **명사** 탄생, 출생, 출산

Happy **birthday**.
생일 축하합니다.

> birth(탄생) + day(일) = birthday(생일)
>
> birth(탄생) + place(장소) = birthplace(태어난 곳, 생가)

---

10 **glad**
[glæd]

형용사 기쁜, 반가운

I'm **glad** to meet you.
만나서 반가워요.

---

11 **fun**
[fʌn]

명사 재미, 즐거움, 장난

funny **형용사** 우스운, 웃기는, 재미있는

Jamie is friendly and full of **fun**.
제이미는 다정하면서도 장난기가 가득하다.

---

12 **special**
[spéʃəl]

형용사 특수한, 특별한

You are very **special** to me.
너는 내게 정말 특별해.

I want to do something **special**.
나는 특별한 무언가를 하고 싶어.

13 **improve**
[imprúːv]

동사 향상시키다, 개선하다

I have to **improve** my English.
나는 내 영어 실력을 향상시켜야 한다.

---

14 **trouble**
[trʌ́bl]

명사 문제, 골칫거리, 곤란한 일
동사 괴롭히다, 귀찮게 하다

She's in **trouble** and needs help.
그녀는 곤란한 상황에 처해 있어서 도움이 필요하다.

I'm sorry to **trouble** you.
귀찮게 해서 죄송합니다.

---

15 **join**
[dʒɔin]

동사 연결하다, 합쳐지다; 가입하다, 함께하다

The bridge **joins** the two islands.
다리가 두 섬을 연결한다.

I want to **join** the broadcasting club at school.
나는 학교 방송 반에 가입하고 싶다.

---

16 **sound**
[saund]

명사 소리, 음향 **동사** ~하게 들리다 **형용사** 건강한, 건전한

All **sound sounds** the same to me.
내게는 소리가 모두 똑같이 들린다.

A **sound** mind in a **sound** body.
건강한 신체에 건전한 정신. (서양 속담)

> 동사 sound 뒤에는 부사가 아닌 형용사가 오는 걸 알아둬.
> sound easy (O) / sound easily (X) 시험에 자주 나온다구!

17 make friends (with)

(~와) 친구가 되다, 사귀다

I want to **make** many **friends**.
나는 친구를 많이 사귀고 싶다.

I **made friends with** Dan in the club today.
난 오늘 동아리에서 댄과 친구가 되었어.

18 get along with

~와 잘 지내다

Do you **get along with** your partner?
너 짝이랑 잘 지내니?

19 look at

~을 보다

Look at this picture. This is Dan.
이 사진을 봐. 이 애가 댄이야.

20 look for

~을 찾다

What are you **looking for**?
무엇을 찾고 있니?

 Answers p. 264

A 단어 영어는 우리말로, 우리말은 영어로 쓰기

01 background	________	09 일기	________
02 wise	________	10 구성원	________
03 really	________	11 보통, 대개	________
04 friendly	________	12 사랑스러운	________
05 birthday	________	13 기쁜	________
06 fun	________	14 특별한	________
07 improve	________	15 문제; 괴롭히다	________
08 join	________	16 소리; 들리다	________

B 단어 관계에 주의하여 단어 쓰기

17	________ + day 탄생 날	=	________ 생일
18	________ 친구	→ 형용사로	________ 친절한
19	________ 슬기로운, 현명한	→ 명사로	________ 지혜, 슬기

C 숙어 숙어 이용하여 문장 완성하기

20 It takes some time to ________ ________.
친구가 되기 위해서는 시간이 필요하다.

21 ________ ________ my best friend Roy.
내 제일 친한 친구 로이를 봐라.

22 We'll ________ ________ well with each other.
우리는 서로 잘 지낼 것이다.

01 hero
[hí(:)ərou]

명사 영웅; 남자 주인공

heroine **명사** 여걸, 여자 주인공

Super Dog Carlo is our **hero**.
슈퍼 독 까를로는 우리의 영웅이다.

02 teenager
[tí:nèidʒər]

명사 십 대의 소년, 소녀

teenage **형용사** 십 대의

Teenagers need more sleep.
십 대들은 잠이 더 필요하다.

> 숫자 thirteen(13)부터 nineteen(19)까지는 teen으로 끝나지?
> 그 teen을 age(r)와 합치면 13~19세의 청소년을 가리키는 거야.

03 friendship
[fréndʃip]

명사 우정, 친선

Building a true **friendship** is
not difficult.
진정한 우정을 쌓는 것은 어렵지 않다.

04 hobby
[hábi]

명사 취미

My **hobby** is drawing cartoons.
내 취미는 만화 그리기이다.

05 enjoy
[indʒɔ́i]

동사 즐기다, 즐거운 시간을 보내다

My sister knows how to **enjoy** life.
우리 언니는 인생을 즐길 줄 안다.

> '~을 즐기다'라고 할 때 enjoy 뒤에는 to부정사를 쓰면 안 되고
> 동명사(동사+ing)를 써야 해. 시험에 100% 나오니 기억해 둬.
> ┄┄┄┄┄┄┄┄┄┄┄┄┄┄┄┄┄┄┄┄┄┄┄┄┄┄┄┄┄
> enjoy playing tennis (O) / enjoy to play tennis (X)

06 practice
[prǽktis]

동사 연습하다, 실습하다
명사 연습, 실습

Practice makes perfect.
연습이 완벽을 만든다. (연습하면 잘하게 된다.)

07 build
[bild]
– built – built

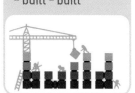

동사 짓다, 건축하다, 만들다

building **명사** 건물

I want to **build** my house out of ice.
나는 얼음으로 집을 짓고 싶다.

08 waste
[weist]

동사 낭비하다, 헛되이 쓰다
명사 낭비; 쓰레기

Don't **waste** money on useless things.
쓸데없는 일에 돈을 낭비하지 마라.

> waste(낭비)와 waist(허리)는 발음이 같아.
>
> 소리는 같지만 철자와 뜻이 다른 단어를 '동음이의어'라고 해.
> 연관 있는 것끼리 묶어서 알아두면 기억에 오래 남아.

09 **science**
[sáiəns]

명사 과학

scientist **명사** 과학자

I like **science** very much.
나는 <u>과학</u>을 무척 좋아한다.

So I want to be a **scientist**.
그래서 <u>과학자</u>가 되고 싶다.

---

10 **history**
[hístəri]

명사 역사

historian **명사** 역사학자

Today we will study African **history**.
오늘은 아프리카 역사를 공부할 겁니다.

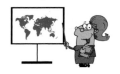

---

11 **easy**
[íːzi]

형용사 쉬운, 수월한; 편안한

easily **부사** 쉽게

Glasses are **easy** to break. 유리는 깨지기 쉽다.
= Glasses break **easily**. 유리는 쉽게 깨진다.

> 속담: Easy come, easy go.(쉽게 얻은 것은 쉽게 잃는다.)
> 표현: I'm easy.((선택해야 할 때) 난 어느 쪽이든 괜찮아.)

---

12 **difficult**
[dífikʌlt]

형용사 어려운, 힘든, 곤란한

difficulty **명사** 어려움, 곤경, 장애

It is **difficult** to lift a barbell.
역기를 들어 올리는 것은 어렵다.

easy ↔ difficult

13 able
[éibl]

형용사 ~할 수 있는, 재능 있는

ability **명사** 능력

Justin is a very **able** soccer player.
저스틴은 매우 재능 있는 축구 선수이다.

---

14 early
[ɔ́:rli]

형용사 이른, 초기의 **부사** 일찍

late **형용사** 늦은, 지각한 **부사** 늦게

The **early** bird catches the worm.
일찍 일어나는 새가 벌레를 잡는다. (서양 속담)

early ↔ late

---

15 sight
[sait]

명사 시력, 보기; 명소

I have very good **sight**.
나는 시력이 아주 좋다.

There are many **sights** to see on Jejudo.
제주도에는 구경할 명소가 많다.

동음이의어: sight(시력) - site(위치, 현장, 장소)

---

16 source
[sɔ:rs]

명사 근원, 원천, 출처, 자료

What is the **source** of your writing?
네 글의 출처는 무엇이니?

source(근원, 출처) - 그 소문의 소스(source)가 어디야?

sauce(소스, 양념) - 어떤 샐러드 소스(sauce)를 좋아해?

17 **be able to**

~할 수 있다

Are you **able to** play tennis?
너는 테니스를 칠 줄 아니?

18 **be late for**

~에 늦다, **지각하다**

Don't **be late for** school.
학교에 늦지 마.

19 **look around**

둘러보다

If you want, you can **look around**.
원하신다면 둘러보셔도 됩니다.

20 **look like**

~처럼 보이다, ~를 닮다

A What does the girl **look like**?
　그 소녀는 어떻게 생겼니?

B I think she **looks like** her father.
　그녀는 아빠를 닮은 것 같아.

A 단어 영어는 우리말로, 우리말은 영어로 쓰기

01 hero _____

02 friendship _____

03 enjoy _____

04 build _____

05 science _____

06 easy _____

07 able _____

08 sight _____

09 십 대의 소년, 소녀 _____

10 취미 _____

11 연습하다 _____

12 낭비하다 _____

13 역사 _____

14 어려운 _____

15 이른; 일찍 _____

16 근원, 출처 _____

B 단어 관계에 주의하여 단어 쓰기

17 _____ 쉬운	↔ 반의어	_____ 어려운
18 _____ 일찍	↔ 반의어	_____ 늦게
19 _____ ~할 수 있는	→ 명사로	_____ 능력

C 숙어 숙어 이용하여 문장 완성하기

20 I was _____ _____ class again.

나는 또다시 수업에 늦었다.

21 I was not _____ _____ be on time.

시간에 맞출 수가 없었다.

22 I think you _____ _____ your father.

너는 아버지를 닮은 것 같아.

01 **shine**
[ʃain]

동사 빛나다, 반짝이다, 비추다
shining 형용사 빛나는, 반짝이는, (표정이) 밝은
shiny 형용사 빛나는, 반짝거리는
Make hay while the sun **shines**.
해가 비칠 때 건초를 말려라. (서양 속담)

---

02 **plant**
[plænt]

명사 식물, 나무; 공장
동사 (나무·씨앗 등을) 심다
The **plant** is coming into flower.
그 나무는 꽃이 피기 시작한다.

---

03 **water**
[wɔ́ːtər]

명사 물
동사 물을 주다
Give me some **water**. I'll **water** the plants.
물 좀 주세요. 화초에 물을 주려고 해요.

누군가 레몬을 먹는 모습을 보면 나도 모르게 침이 고이지? 그럴 때는 My mouth is watering.(입에 침이 고인다.)이라고 해.

---

04 **important**
[impɔ́ːrtənt]

형용사 중요한
importance 명사 중요성, 의의
Friends are very **important** in our lives.
친구는 우리 삶에서 매우 중요하다.

05

space
[speis]

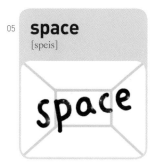

명사 공간, 자리; 우주

spaceship **명사** 우주선

I need more **space** for books.
나는 책을 둘 공간이 더 필요하다.

She is the first woman in **space**.
그녀는 우주로 나간 최초의 여성이다.

06

active
[ǽktiv]

형용사 활동적인, 적극적인, 활발한

activity **명사** 활동

B-boy dancing is **active** and dynamic.
비보이 춤은 활동적이고 역동적이다.

07

win
[win]
– won – won

동사 이기다, (경기에서 이겨 무엇을) 따다

winner **명사** 우승자, 성공한 사람

I'm sure I can **win**.
내가 이길 수 있을 거라고 확신해.

08

lose
[luːz]
– lost – lost

동사 지다, 실패하다

loser **명사** 패자, 실패한 사람

You win some, you **lose** some.
이길 때도 있고, 질 때도 있는 거야.

win ↔ lose

> 발음에 유의: lose[luz루즈] – rose[rouz 로즈]
> 실패한 사람을 뜻하는 '루저(loser)'를 떠올리면 기억하기 쉬워.

09 **prize**
[praiz]

명사 상, 상품; 소중한 것

I won first **prize** in the contest.
나는 대회에서 일등 상을 받았다.

10 **fight**
[fait]
- fought - fought

동사 싸우다, 다투다
fighter **명사** 전투기; 투사; 권투 선수

My brothers **fight** with each other every day.
내 동생들은 매일 서로 싸운다.

영어권에서는 응원할 때 Fighting!(파이팅!)이라고 하지 않아.
대개 Go! 또는 Way to go!라고 해.

11 **material**
[mətí(:)əriəl]

명사 재료, 직물, 자료, 소재

It is made from natural **material**.
그것은 천연 재료로 만들어졌다.

12 **ride**
[raid]
- rode - ridden

동사 (차, 자전거, 말 등을) 타다
명사 타고 달리기, 승마

I like to **ride** my bike in the park.
나는 공원에서 자전거 타는 것을 좋아한다.

13 **weak**
[wiːk]

weak

형용사 약한, 힘이 없는

weakness 명사 약함, 약점

We should help old and **weak** people.
우리는 늙고 약한 사람을 도와야 한다.

[동음이의어: weak(약한) – week(일주일)]

---

14 **strong**
[strɔ(ː)ŋ]

strong

형용사 강한, 힘이 센

strength 명사 힘, 강점

You are **strong** and brave.
너는 힘이 세고 용감하구나.

strong ↔ weak

---

15 **terrific**
[tərífik]

terrific

형용사 아주 멋진, 훌륭한

What a **terrific** idea!
정말 좋은 생각이다!

Jonathan is a **terrific** soccer player.
조나단은 훌륭한 축구 선수이다.

---

16 **terrible**
[térəbl]

terrible

형용사 끔찍한, 소름끼치는, 심한

What a **terrible** thing!
정말 끔찍한 일이야!

[terrific(아주 멋진)과 terrible(끔찍한)은 철자의 구성이
비슷하지만 뜻도 정반대이고, 강세와 발음도 '터리픽'과
'테러블'로 확연히 다르니 비교하며 기억해.]

17 next to

~ 옆에

Your umbrella is **next to** the chair.
네 우산은 의자 옆에 있다.

18 in front of

~ 앞에, 정면에

The bank is **in front of** the bookstore.
은행은 서점 앞에 있다.

Don't swear **in front of** the children.
아이들 앞에서 욕하지 마.

19 on weekends

주말에, 주말마다

I play baseball **on weekends**.
나는 주말마다 야구를 한다.

20 wait for

기다리다

I'm going there. **Wait for** me, please.
그곳에 가고 있는 중이야. 기다려 줘.

I'm **waiting for** Ralph. We play tennis **on weekends**. 난 랄프를 기다리는 중이야. 우리는 주말마다 테니스를 치거든.

I just saw him **in front of** the park.
방금 공원 앞에서 봤는데?

A 단어 영어는 우리말로, 우리말은 영어로 쓰기

01 shine _____

02 water _____

03 space _____

04 win _____

05 prize _____

06 material _____

07 weak _____

08 terrific _____

09 식물; 공장 _____

10 중요한 _____

11 활동적인 _____

12 지다 _____

13 싸우다 _____

14 타다 _____

15 강한 _____

16 끔찍한 _____

B 단어 관계에 주의하여 단어 쓰기

17	_____ 이기다	←→ 반의어	_____ 지다
18	_____ 강한	←→ 반의어	_____ 약한
19	_____ 활동적인	→ 명사로	_____ 활동

C 숙어 숙어 이용하여 문장 완성하기

20 Let's play basketball _____ _____.
주말마다 같이 농구하자.

21 There's a gym _____ _____ the library.
도서관 옆에 체육관이 있어.

22 OK. _____ _____ me _____ _____
_____ the library. 좋아. 도서관 앞에서 기다려.

Day 05

01 health
[helθ]

명사 건강

healthy **형용사** 건강한, 건강에 좋은

Your **health** is the most important thing in your life. 건강이 인생에서 제일 중요합니다.

02 ache
[eik]

동사 아프다; ~하고 싶어 못 견디다
명사 아픔

Where do you **ache**?
어디가 아픈가요?

I have an **ache** in my tooth.
이가 아파요.

03 headache
[hédèik]

명사 머리 아픔, 두통

I have a **headache**.
머리가 아파요.

> head(머리) + ache(아픔) = headache(두통)
> 이처럼 신체 부위에 ache를 붙이면 그곳이 아프다는 말이 돼.
> toothache 치통, backache 등의 통증, 요통, earache 귓병

04 stomach
[stʌ́mək]

명사 위, 복부, 배

stomachache **명사** 위통, 복통

My **stomach** says, "It's time to eat."
뱃속에서 밥 먹을 시간이라고 하네.

> 발음에 주의: stomach와 ache의 ch 모두 [k] 소리가 나.

05 **sore**
[sɔːr]

형용사 (염증이나 근육통 등의) 아픈, 따가운, 욱신거리는

My arm and leg are a little **sore**.
팔과 다리가 조금 욱신거려요.

---

06 **throat**
[θrout]

명사 목구멍, 목

I have a really sore **throat**.
목이 무지 아파.

I have a bone stuck in my **throat**.
목구멍에 가시가 걸렸다.

---

07 **runny**
[rʌ́ni]

형용사 콧물이나 눈물이 흐르는; 물기가 많은, 묽은

run 동사 달리다

I have a **runny** nose and a cough.
콧물이 나고 기침도 나요.

> 감기(cold) 증상은? 두통이 있고(headache), 열이 나고(fever),
> 기침을 하고(cough), 목이 아프고(sore throat), 콧물이
> 흘러(runny nose). 예문처럼 I have a를 앞에 붙여 말하면 돼.

---

08 **rest**
[rest]

명사 휴식; 나머지
동사 쉬다, 휴식을 취하다

You look pale. Get some **rest**.
안색이 안 좋아 보인다. 좀 쉬어라.

Give me the **rest** of the cake.
나머지 케이크를 내게 줘.

09 illness
[ílnis]

명사 병, 아픔, 질환

ill **형용사** 아픈, 병 든, 몸이 안 좋은

He didn't come here because of his **illness**.
그는 아파서 여기 못 왔다.

---

10 kindness
[káindnis]

Kindness

명사 친절, 다정함

kind **형용사** 친절한, 상냥한 **명사** 종류

Thank you for your **kindness**.
친절히 대해 주어 고맙다.

What **kind** of music do you like?
어떤 종류의 음악이 좋아?

---

11 careful
[kέərfəl]

careful

형용사 조심하는, 주의 깊은, 세심한

care **명사** 돌봄, 보살핌, 주의

careless **형용사** 부주의한, 조심성 없는

Be **careful** not to wake the baby.
아기 깨우지 않게 조심해.

---

12 absent
[ǽbsənt]

형용사 결석한, 결근한

Brad was **absent** from school because of the flu. 브래드는 독감 때문에 결석했다.

13 grow
[grou]
- grew - grown

동사 자라다, 성장하다; 키우다, 재배하다

growth **명사** 성장

My dad **grows** roses in the garden.
우리 아빠는 정원에 장미를 기른다.

---

14 watch
[wɑtʃ]

동사 보다, 지켜보다, 주시하다
명사 감시, 망 보기; 손목시계

Did you **watch** TV this morning?
오늘 아침에 TV를 봤나요?

My **watch** is a little fast.
내 시계는 약간 빠르다.

---

15 maybe
[méibiː]

부사 아마, 혹시, 어쩌면

Will we find life on other planets? — **Maybe.**
다른 행성에서 생명체를 찾게 될까?   아마도.

> maybe는 '확신은 못하지만 아마 그럴 것 같아'라는 뜻이고, 이 말을 할 때 영어권 사람들은 어깨를 으쓱하며 손을 펴고 손등을 위로 한 채 양 옆으로 흔드는 독특한 제스처가 있어.

---

16 already
[ɔːlrédi]

부사 이미, 벌써

We've **already** had lunch.
우리는 벌써 점심을 먹었어요.

17 **have a cold**

감기에 걸리다

I can't go out now. I **have a cold**.

나는 지금 못 나가. 감기에 걸렸어.

18 **see a doctor**

의사에게 보이다, **진찰받다**

You should go **see a doctor**.

진찰을 받아 봐. (병원에 가 봐.)

19 **take care of**

~을 돌보다 (= look after)

I have to **take care of** my brother.

나는 남동생을 돌봐야 돼.

Please **look after** him while I'm away.

제가 없는 동안 그를 보살펴 주세요.

20 **grow up**

자라다, 성장하다

I want to be a singer when I **grow up**.

나는 커서 가수가 되고 싶어.

A 단어 영어는 우리말로, 우리말은 영어로 쓰기

01 health _____

02 headache _____

03 sore _____

04 runny _____

05 illness _____

06 careful _____

07 grow _____

08 maybe _____

09 아프다; 아픔 _____

10 위, 복부 _____

11 목구멍, 목 _____

12 휴식; 쉬다 _____

13 친절, 다정함 _____

14 결석한 _____

15 보다; 손목시계 _____

16 이미, 벌써 _____

B 단어 관계에 주의하여 단어 쓰기

17 _____ 자라다 → 명사로 _____ 성장

18 _____ 친절한 → 명사로 _____ 친절

19 _____ 건강 → 형용사로 _____ 건강한

C 숙어 숙어 이용하여 문장 완성하기

20 I _____ _____ bad _____ .
제가 심한 감기에 걸렸어요.

21 So I have to _____ _____ _____ .
그래서 진찰받아야 해요.

22 Please _____ _____ _____ my dog.
제 강아지 좀 돌봐 주세요.

Day 06

01 pet
[pet]

명사 애완동물; 총애 받는 사람
동사 쓰다듬다, 어루만지다

What kind of **pet** do you want?
넌 어떤 애완동물을 키우고 싶어?

Sally is **petting** a small dog.
샐리는 작은 강아지를 쓰다듬고 있다.

02 vet
[vet]

명사 수의사; 동물 병원

You should take your pet to the **vet**.
애완동물을 수의사에게 데려가 봐.

> vet의 정식 명칭은 veterinarian 또는 veterinary surgeon.
>
> math(수학)도 mathematics의 줄임말이야. 이처럼 길고
> 복잡한 단어는 줄여 쓰는 경우가 종종 있어.

03 feed
[fi:d]
– fed – fed

동사 먹이를 주다, 밥을 먹이다

It's time to **feed** my dog.
개 밥 줄 시간이다.

04 bleed
[bli:d]
– bled – bled

동사 피를 흘리다, 출혈하다

blood **명사** 피, 혈액

My finger is **bleeding**.
손가락에서 피가 나.

> food(명사) – feed(동사) / blood(명사) – bleed(동사)
>
> 명사에서 동사로 철자가 달라지는 방식이 같으니 묶어서 외워 둬.

05 **interested**
[íntərəstid]

형용사 관심 있어 하는

interesting 형용사 재미있는, 흥미로운

I'm **interested** in skydiving. 난 스카이다이빙에 관심 있어.

It looks **interesting**. 그것은 재미있어 보여.

> interested: 내가 관심을 갖는 것 → 사람을 주어로 (-ed)
> interesting: 무언가가 흥미로운 것 → 사물을 주어로 (-ing)
> -ed / -ing를 구분해서 쓰는 건 시험에 꼭 나오니 잘 기억해 둬.

---

06 **excited**
[iksáitid]

형용사 신이 난, 흥분한, 들뜬

exciting 형용사 신나는, 흥미진진한

We're **excited** about it.
우리는 그것 때문에 신이 나 있다.

It was a very **exciting** experience.
그것은 매우 흥미진진한 경험이었다.

---

07 **pleased**
[pli:zd]

형용사 기쁜, 기뻐하는, 만족해하는

pleasant 형용사 쾌적한, 즐거운, 기분 좋은

I was **pleased** at his gift.
나는 그의 선물을 받고 기뻤다.

---

08 **worried**
[wɔ́:rid]

형용사 걱정하는, 걱정스러운

worry 동사 걱정하다

I'm **worried** about the midterm exam.
나는 중간고사가 걱정이다.

Don't **worry**. You have plenty of time.
걱정하지 마. 시간은 충분해.

09 seed
[siːd]

명사 씨앗, 씨, 종자

The farmer is sowing the **seeds**.
농부가 씨앗을 뿌리고 있다.

10 vegetable
[védʒitəbl]

명사 채소

I'd like **vegetable** soup.
저는 채소 수프가 먹고 싶어요.

11 meat
[miːt]

명사 고기

Which do you want, **meat** or fish?
고기와 생선 중 어떤 것을 드시고 싶으세요?

> meat(고기): pork(돼지고기), beef(소고기), chicken(닭고기),
> duck (오리고기)

12 dish
[diʃ]

명사 접시, 그릇; 요리

Would you like to try a Turkish **dish**?
터키 요리를 드셔 보실래요?

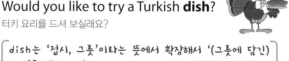

> dish는 '접시, 그릇'이라는 뜻에서 확장해서 '(그릇에 담긴)
> 요리'를 뜻하는 말로도 쓰여. Korean dish(한국 요리)처럼
> 말이야.

13 probably
[prábəbli]

부사 아마, 혹시

Probably it'll be all right.
아마 괜찮을 거야.

---

14 anyway
[éniwèi]

anyway

부사 게다가; 그래도, 어쨌든

You look like a detective **anyway**.
어쨌거나 너는 형사처럼 보여.

---

15 sometimes
[sʌ́mtàimz]

부사 때때로, 가끔

sometime 부사 언젠가

somewhere 부사 어딘가에(서)

Sometimes I visit my aunt with my sister.
나는 가끔 여동생이랑 이모 댁에 간다.

I hope to visit Paris **sometime**.
나는 언젠가 파리에 가 보고 싶다.

---

16 once
[wʌns]

부사 한 번; 언젠가, 한때

I've seen this movie **once**.
나는 이 영화를 한 번 본 적이 있다.

one(하나) → once(한 번), two(둘) → twice(두 번)

세 번부터는 times를 써서 three times, four times, five times...처럼 써.

17 **have a good time**

즐거운 시간을 보내다

A I'm going to the zoo tomorrow.
나 내일 동물원에 가.

B **Have a good time**.
즐거운 시간 보내.

18 **be interested in** ~에 관심 있다

I **am interested in** art so much.
나는 미술에 관심이 많아.

19 **set the table**

상을 차리다

Help me **set the table**, please.
상 차리는 것을 좀 도와줘.

20 **do the dishes**

설거지하다 (= wash the dishes)

I **do the dishes** on weekends.
나는 주말마다 설거지를 한다.

A 단어 영어는 우리말로, 우리말은 영어로 쓰기

01	pet	_____	09	수의사; 동물 병원 _____
02	feed	_____	10	피를 흘리다 _____
03	interested	_____	11	신이 난 _____
04	pleased	_____	12	걱정하는 _____
05	seed	_____	13	채소 _____
06	meat	_____	14	접시; 요리 _____
07	probably	_____	15	게다가; 어쨌든 _____
08	sometimes	_____	16	한 번 _____

B 단어 관계에 주의하여 단어 쓰기

17

food	:	_____
음식		먹이를 주다

=
명사 : 동사

blood	:	_____
피		피를 흘리다

18

_____	:	interesting
관심 있어 하는		흥미로운

=
-ed : -ing

excited	:	_____
신이 난		신나는

19

one	:	_____
하나		한 번

=
수 : 횟수

two	:	_____
둘		두 번

C 숙어 숙어 이용하여 문장 완성하기

20 I _____ _____ _____ cooking.
나는 요리에 관심 있어.

21 But I don't like _____ _____ _____ .
그렇지만 설거지하는 것은 싫어.

22 Let me _____ _____ _____ .
상은 제가 차릴게요.

01 job
[ʤab]

명사 일; 직업, 직장

What's your dream **job**?
네가 하고 싶은 일은 뭐야?

Good **job**.
잘했어.

02 cartoonist
[kɑːrtúːnist]

명사 만화가

cartoon 명사 만화, 만화 영화

My dream job is a **cartoonist**.
내가 갖고 싶은 직업은 만화가야.

03 announcer
[ənáunsər]

명사 아나운서, 방송 진행자

announce 동사 알리다, 발표하다, 방송하다

My sister is an **announcer** for BBC television.
우리 언니는 BBC 텔레비전의 아나운서이다.

04 entertainer
[èntərtéinər]

명사 연예인

entertain 동사 즐겁게 해 주다, 대접하다

Muriel is an all-around **entertainer**.
뮤리엘은 만능 연예인이다.

> 연예인 중에서 연기하는 사람을 '탤런트(talent)'라고 한다구?
> 그건 콩글리시야. talent는 '재능'이라는 뜻이고, '연기자, 배우'
> 는 actor(남자 배우) 또는 actress(여자 배우)라고 해.

cook
[kuk]

명사 요리사 **동사** 요리하다, 밥을 짓다

cooker **명사** (오븐이 딸린) 레인지, 요리 기구

The **cook** taught the **cooking** class.
그 요리사는 요리 반을 지도했다.

[teacher(선생님), designer(디자이너), driver(운전자)처럼
cooker도 '요리사'라고? NO! cooker는 '요리 기구'를 뜻하고,
'요리사'는 그냥 cook이야. 시험 단골손님이라구.]

---

06 **popular**
[pάpjələr]

형용사 인기 있는, 대중적인

My uncle is a **popular** guitarist.
우리 삼촌은 인기 있는 기타 연주자이다.

---

07 **company**
[kʌ́mpəni]

명사 회사; 단체; 친구, 동료

I worked for 5 years at the **company**.
나는 그 회사에서 5년간 근무했다.

A man is known by the **company** he keeps.
사귀는 친구를 보면 그 사람을 알 수 있다.

---

08 **factory**
[fǽktəri]

명사 공장

Sera works at the chocolate **factory**.
세라는 초콜릿 공장에서 근무한다.

09 **character**
[kǽriktər]

명사 성격, 개성; 특징; 등장인물

What kind of **character** is he?
그는 성격이 어때?

I don't like the main **character** in that drama.
나는 저 드라마의 주인공(주요 등장인물)이 마음에 들지 않는다.

---

10 **marry**
[mǽri]
- married - married

동사 ~와 결혼하다

Will you **marry** me?
저와 결혼해 주시겠어요?

철자가 비슷한 혼동어: marry(결혼하다) - merry (즐거운)
'~와 결혼하다'라고 할 때 marry 뒤에 with를 쓰지 않아.
marry Tim (O) / marry with Tim (X)

---

11 **simple**
[símpl]

형용사 간단한, 단순한; 소박한

simply 부사 그저, 단순히; 간소하게, 간단히

The recipe for tomato soup is very **simple**.
토마토 수프 요리법은 매우 간단하다.

He is a very **simple** man.
그는 아주 소박한 사람이다.

---

12 **couple**
[kʌ́pl]

명사 두 사람, 한 쌍, 남녀, 부부

The **couple** married yesterday.
그 남녀는 어제 결혼했다.

13

believe
[bilíːv]

동사 믿다, 신뢰하다
belief 명사 믿음, 신뢰
I **believe** in angels because I have friends like you. 너희 같은 친구들이 있어서 나는 천사를 믿어.

14

cool
[kuːl]

형용사 시원한, 서늘한; 쌀쌀맞은; 멋진
동사 식다, 식히다
I want a glass of **cool** juice. 시원한 주스 한 잔 마시고 싶다.
When cookies are done, **cool**. 쿠키가 다 되면 식혀.

> cool 하면 생각나는 채소는? 시원한 오이(cucumber 큐컴버)지.
> 이 두 단어를 사용해서 (as) cool as a cucumber라고 하면
> '(어려운 상황에서) 매우 침착한'이라는 뜻이 돼.

15

need
[niːd]

동사 필요로 하다, ~해야 하다
명사 필요, 요구; 어려움
I **need** your help.
네 도움이 필요해.
There is no **need** to cry.
울 필요 없어.

16

visit
[vízit]

동사 방문하다, 찾아가다
visitor 명사 방문객, 손님
I'll **visit** you next time.
다음에는 너희 집을 방문할게.

17 go swimming

수영하러 가다 (* go -ing: ~하러 가다)

Let's **go swimming** this afternoon.
오늘 오후에 수영하러 가자.

18 go on a picnic

소풍 가다

How about **going on a picnic** tomorrow?
내일 소풍 가는 게 어때?

19 do a good job

~을 잘하다

You **did a good job**!
잘했구나!

20 get married to

~와 결혼하다

A I want to **get married to** Michelle.
나는 미셸과 결혼하고 싶어.

B In your dreams!
꿈 깨!

A 단어 영어는 우리말로, 우리말은 영어로 쓰기

01 job _____

02 announcer _____

03 cook _____

04 company _____

05 character _____

06 simple _____

07 believe _____

08 need _____

09 만화가 _____

10 연예인 _____

11 인기 있는 _____

12 공장 _____

13 ~와 결혼하다 _____

14 한 쌍 _____

15 시원한; 멋진 _____

16 방문하다 _____

B 단어 관계에 주의하여 단어 쓰기

17 _____ 알리다	→ ~하는 사람	_____ 아나운서
18 _____ 방문하다	→ ~하는 사람	_____ 방문객, 손님
19 _____ 만화	→ ~하는 사람	_____ 만화가

C 숙어 숙어 이용하여 문장 완성하기

20 Let's _____ _____ _____
to the zoo. 동물원으로 소풍 가자.

21 No. I want to _____ _____.
싫어. 나는 수영하러 가고 싶어.

22 Wow, you _____ _____ _____
_____. 와, 너 잘했다.

01 size
[saiz]

명사 크기, 규모, 치수

What **size** do you take?
치수를 몇 입으세요?

02 number
[nʌ́mbər]

명사 수, 숫자, 번호

Think of a **number** and add six.
숫자 하나를 떠올리고, 6을 더해라.

What's your phone **number**?
네 전화번호는 뭐니?

03 million
[míljən]

01 0 0 0 0 0 0
1 0 0 0 0 0 0
million
01 0 0 0 0 0 0

수 100만; 수많은

billion 수 10억; 엄청난 양

My sister earns about a **million** won a month.
우리 언니는 한 달에 백만 원 가량 번다.

1,000 (천)	1,000,000 (백만)	1,000,000,000 (십억)
thousand	million	billion

04 heavy
[hévi]

형용사 무거운, 육중한

light 형용사 가벼운

This is too **heavy**.
이것은 너무 무거워요.

heavy ↔ light

05 double
[dʌ́bl]

형용사 두 배의, 두 개로 이루어진 **명사** 두 배, 갑절
triple **형용사** 세 배의, 세 개로 이루어진

You need to **double**-check your answers.
답을 재확인해야 한다.

I want *jajangmyeon*, and make it **double**,
please. 저는 자장면으로 할게요, 곱빼기로요.

---

06 half
[hæf]

명사 반, 2분의 1; 30분

Cut the watermelon in **half**. 수박을 반으로 잘라라.

Let's rest for **half** an hour. 30분 동안 쉬자.

> half의 l은 발음하지 않는 '묵음'이라 [해프]라고 읽어.
> ....
> 한 시간의 반은 30분이니까 a half는 30분을 뜻하기도 해.

---

07 quarter
[kwɔ́ːrtər]

명사 4분의 1; 15분

A **quarter** of a dollar is 25 cents.
1달러의 4분의 1은 25센트이다.

> 한 시간의 1/4은 15분이므로, a quarter는 15분을 뜻하기도 해.
> ....
> 분수 읽기: 1/2 a half, 1/4 a quarter, 3/4 three quarters

---

08 dozen
[dʌ́zən]

명사 12개짜리 한 묶음; 10여 개; 여러 개

Give me a **dozen** yellow ribbons, please.
노랑 리본 12개 주세요.

About half a **dozen** students attended the
game. 대여섯 명(십여 명의 반) 정도의 학생들이 경기에 참석했다.

09 **count**
[kaunt]

동사 세다, 계산하다

Count how many eggs there are.
달걀이 몇 개 있는지 세어 보세요.

> 인공위성을 발사하기 직전 5, 4, 3... 하고 거꾸로 세지? 이처럼 큰 수부터 작은 수로 세는 것을 카운트다운(count down)이라고 해.

---

10 **add**
[æd]

동사 더하다, 첨가하다, 덧붙이다

addition **명사** 추가된 것, 부가물

Add more flour and salt.
밀가루와 소금을 더 넣으세요.

---

11 **increase**
동 [inkríːs] **명** [ínkrìːs]

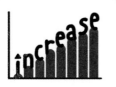

동사 증가하다, 늘다, 인상되다

명사 증가

Increase baking time to one hour.
굽는 시간을 1시간 늘리세요.

---

12 **decrease**
동 [diːkríːs] **명** [díːkriːs]

동사 줄다, 감소하다, 줄이다

명사 감소

Decrease baking time to 20 minutes.
굽는 시간을 20분 줄이세요.

increase ↔ decrease

13

amount
[əmáunt]

명사 양; 총액, 액수

Shall I add a small **amount** of water?
물을 소량 더 넣을까요?

The total **amount** came to a million won.
총액은 백만 원에 달했다.

14

several
[sévərəl]

several several several several **several** several several

형용사 몇몇의, 각각의

Today he drank **several** cups of coffee.
그는 오늘 커피를 여러 잔 마셨다.

15

something
[sʌ́mθiŋ]

S⦿mething

대명사 어떤 것(일), 무엇

anything **대명사** 무엇, 아무것

someone / somebody **대명사** 누군가, 어떤 사람

Let's try **something** new. 새로운 무언가를 해 봅시다.

> Something, anything을 꾸미는 말은 앞이 아닌 뒤에 와.
>
> something good (O) / good something (X)

16

everything
[évriθiŋ]

everything

대명사 모든 것(일), 모두

nothing **대명사** 아무것도 (아니다, 없다)

everyone / everybody **대명사** 모든 사람

Everything has some beauty.
모두 다 조금씩 아름다움을 지니고 있다.

> every-는 '모든 ~'의 뜻이지만 단수 취급해서 has를 쓴 거야.

17 a piece of

하나의, 한 조각의 (* a pair of 한 쌍의)

I want **a piece of** cake. 저는 케이크 한 조각을 먹고 싶어요.

I want **a pair of** shoes. 저는 구두 한 켤레를 사고 싶어요.

18 a lot of

많은 (= lots of, plenty of)

I have **a lot of** books in my house.

저는 집에 책이 많아요.

I have **plenty of** toys. 저는 장난감이 많아요.

19 a few

(수) 조금, 약간

I have **a few** dolls in my room.

내 방에 인형이 약간 있다.

(a few는 셀 수 있는 명사 앞에 쓰여.)

20 a little

(양) 조금, 약간

Give me **a little** more milk. 우유를 조금 더 주세요.

(a little은 셀 수 없는 명사 앞에 쓰여.)

I have **a lot of** cookies. 난 쿠키가 많아.

I have **a few** cakes. 난 케이크가 몇 조각 있어.

Um. I have only **a piece of** pizza. 음. 난 피자가 한 조각밖에 없어.

대박~!

A 단어 영어는 우리말로, 우리말은 영어로 쓰기

01 size _____

02 million _____

03 double _____

04 quarter _____

05 count _____

06 increase _____

07 amount _____

08 something _____

09 수, 숫자 _____

10 무거운 _____

11 반, 1/2 _____

12 12개짜리 한 묶음 _____

13 더하다 _____

14 줄다; 감소 _____

15 몇몇의 _____

16 모든 것 _____

B 단어 관계에 주의하여 단어 쓰기

17	추가하다	→ 명사로		추가
18	무거운	↔ 반의어		가벼운
19	증가하다	↔ 반의어		감소하다

C 숙어 숙어 이용하여 문장 완성하기

20 Give me _____ _____ _____ pizza.
피자 한 조각 주세요.

21 I want _____ _____ _____ pickles.
피클을 많이 주세요.

22 Sorry, but we have only _____ _____.
죄송하지만, 우리는 (피클이) 조금밖에 없어요.

01 clothes
[klou(ð)z]

명사 옷, 의복 (항상 복수형으로 사용)

cloth **명사** 옷감, 천

I bought some new **clothes** for the trip.
나는 여행 가서 입을 새 옷을 좀 샀다.

02 glasses
[glǽsiz]

명사 안경 (항상 복수형으로 사용)

glass **명사** 유리, 유리 제품; 잔

I can't see anything without my **glasses**.
난 안경이 없으면 아무것도 못 봐.

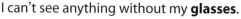

glasses는 안경알이 쌍으로 이루어져 있어서 복수형으로 써. pants(바지), scissors(가위) 같은 것도 마찬가지야.

03 wear
[wɛər]
- wore - worn

동사 입다, 착용하다

I don't want to **wear** this jacket.
이 웃옷은 입고 싶지 않아요.

wear a cap(모자를 쓰다), wear glasses(안경을 끼다), wear a tie(넥타이를 매다), wear shoes(구두를 신다)처럼 몸에 걸치는 것은 wear를 이용해서 말할 수 있어.

04 fit
[fit]

동사 (모양, 크기가) 맞다
형용사 건강한; 적절한

fitness **명사** 신체 단련, 건강

Your new dress **fits** well.
당신의 새 드레스는 잘 맞는군요.

05 **cost**
[kɔ(:)st]
– cost – cost

명사 비용, 값
동사 (비용이) 들다, (값이) ~이다

It **costs** too much.
비용이 너무 많이 드는군요.

> 비용이 낮은 것은 low cost, 높은 것은 high cost라고 해.
> 비용을 줄이는 것은 cut cost라고 한다는 것도 덤으로 알아둬.

---

06 **fare**
[fɛər]

명사 요금

How much is the **fare** to Busan?
부산까지 요금은 얼마인가요?

> 동음이의어: fare(요금) – fair(공정한)

---

07 **collect**
[kəlékt]

동사 모으다, 수집하다, 모금하다
collection **명사** 수집

We are **collecting** money for charity.
우리는 자선기금을 모금하고 있습니다.

---

08 **cancel**
[kænsl]

동사 취소하다, 무효로 하다

I'm sorry, but I have to **cancel** the order.
죄송하지만 주문을 취소해야겠습니다.

09 dirty
[də́ːrti]

형용사 더러운, 지저분한

dirt **명사** 먼지, 때, 흙

Come on. You're so **dirty**.
어머, 너 너무 지저분하다.

---

10 clean
[kliːn]

형용사 깨끗한, 깔끔한
동사 닦다, 청소하다

Bring me a pair of **clean** socks.
깨끗한 양말 한 켤레 가져다주세요.

I **clean** my room twice a week.
나는 내 방을 일주일에 두 번 청소한다.

dirty ↔ clean

---

11 cheap
[tʃiːp]

형용사 값이 싼, 저렴한, 돈이 적게 드는

The bananas are very **cheap** these days.
요즘에는 바나나가 무척 싸다.

---

12 expensive
[ikspénsiv]

형용사 비싼, 돈이 많이 드는

This robot is the most **expensive** of my toys.
이 로봇이 내 장난감 중에서 제일 비싸다.

cheap ↔ expensive

13 hang
[hæŋ]
– hung – hung

동사 걸다, 매달다, 매달리다

A monkey is **hanging** on a branch.
원숭이 한 마리가 나뭇가지에 매달려 있다.

Would you **hang** the washing out?
빨래 좀 갖다 널겠니?

---

14 throw
[θrou]
– threw – thrown

동사 던지다, 내동댕이치다

I'll **throw** this into the can.
이걸 쓰레기통에 던져 넣을 거야.

---

15 break
[breik]
– broke – broken

동사 깨다, 부수다, 어기다; 쉬다
명사 휴식, 휴가; 중단

I **broke** the cup. Sorry, Mom.
제가 컵을 깼어요. 죄송해요, 엄마.

> break는 '하던 일을 깬다'는 의미에서 '휴식'이라는 뜻으로도 쓰여.
> 동음이의어: break(깨다) - brake(자동차 브레이크)

---

16 check
[tʃek]

동사 살피다, 점검하다, 알아보다
명사 점검, 확인, 조사

Check your work before handing it in.
제출하기 전에 과제를 점검하세요.

> '체크 무늬'라고 할 때의 '체크'도 check!
> check에는 '영수증, 수표' 등의 뜻이 더 있다는 것도 알아둬.

17 put on

～을 입다, 걸치다

It started to rain. **Put on** a raincoat.

비가 오기 시작했어. 비옷을 입어.

18 take off

～을 벗다; (비행기가) 이륙하다

Why don't you **take off** your coat?

외투를 벗는 게 어때?

The plane will **take off** on time.

비행기는 제시간에 이륙할 것이다.

19 take out

꺼내다, 비우다; 포장해 가다

Why don't you **take out** the garbage?

쓰레기통 좀 비우지 그래?

Please make a sandwich to **take out**.

샌드위치 하나 포장해 주세요.

20 take a break

쉬다

Let's **take a break** for a while.

잠깐 쉬자.

> **Put on** your socks. 양말을 신어라.

> **Take off** the jacket. 웃옷을 벗어라.

> I'm tired. Let's **take a break**. 힘들어요. 우리 쉬어요.

A 단어 영어는 우리말로, 우리말은 영어로 쓰기

01 clothes _____

02 wear _____

03 cost _____

04 collect _____

05 dirty _____

06 cheap _____

07 hang _____

08 break _____

09 안경 _____

10 (크기가) 맞다 _____

11 요금 _____

12 취소하다 _____

13 깨끗한; 청소하다 _____

14 비싼 _____

15 던지다 _____

16 점검하다; 확인 _____

B 단어 관계에 주의하여 단어 쓰기

17 _____ 깨끗한	↔ 반의어	_____ 더러운
18 _____ 값이 싼	↔ 반의어	_____ 비싼
19 _____ 모으다	→ 명사로	_____ 수집

C 숙어 숙어 이용하여 문장 완성하기

20 Please _____ _____ my black jacket.
검정 웃옷을 꺼내 주세요.

21 No. _____ _____ this purple jacket today.
아뇨, 오늘은 이 보라색 웃옷을 입으세요.

22 Uh... Then, I'll _____ _____ the hat.
아... 그럼 모자는 벗을래요.

01 **delicious**
[dilíʃəs]

형용사 맛있는, 냄새가 좋은

yummy 형용사 맛있는

It looks **delicious**, doesn't it?
맛있어 보이지 않나요?

> yummy(여미)는 주로 아이들이 쓰는 표현이야. 음식 먹을 때 나는 소리인 '얌얌(yum-yum)'에서 만들어졌거든.

02 **thirsty**
[θə́ːrsti]

형용사 목이 마른, 갈증이 나는

I'm **thirsty**. Give me some juice.
목이 말라요. 주스 좀 주세요.

03 **bite**
[bait]
– bit – bitten

동사 물다, 물어뜯다
명사 물기; 한 입, 소량의 음식

Don't **bite** your nails.
손톱을 물어뜯지 마.

I ate a **bite** of pizza.
나는 피자를 한 입 먹었다.

04 **meal**
[miːl]

명사 식사; 식사 시간

Don't eat between **meals**.
식사 사이에 뭘 먹지 마라.

> 하루 세 끼(three meals)를 부르는 이름은 breakfast(아침), lunch(점심), dinner(저녁)야. '아점(아침 겸 점심)'은 breakfast와 lunch를 합해 brunch(브런치)라고 해.

05 course
[kɔːrs]

명사 (식사의) 개별 요리; 강의, 강좌, 과목; 방향

Today's main **course** is chicken.
오늘의 주 요리는 닭고기입니다.

Be ready to change **course**.
방향을 바꿀 준비를 해라.

---

06 dessert
[dizə́ːrt]

명사 후식, 디저트

desert **명사** 사막

I enjoy eating ice cream for **dessert**.
나는 후식으로 아이스크림을 즐겨 먹어요.

> 철자가 헷갈리는 혼동어: dessert(후식) - desert(사막)
> dessert(디저트)와 desert(데저트)는 강세 위치가 달라.

---

07 order
[ɔ́ːrdər]

동사 주문하다; 명령하다
명사 주문; 순서; 명령

He **ordered** me to sit up.
그는 나에게 똑바로 앉으라고 명령했다.

May I take your **order**?
주문하시겠어요?

---

08 diet
[dáiət]

명사 식사, 식습관; 규정식(다이어트)

My mom decided to go on a **diet**.
우리 엄마는 다이어트를 하기로 결심했다.

> diet(다이어트)에는 살 빼려고 식사를 조절한다는 뜻도 있지만
> 기본적으로는 '(어떤 사람의 일상적인) 식사 습관'을 뜻해.

09 **bowl**
[boul]

명사 그릇, 통

bottle **명사** 병

My **bowl** is empty.
내 그릇이 비었군.

> bowl(그릇)의 ow는 [ou 오우]로 발음하고, owl(올빼미)의 ow는
> [au 아우]로 발음해. 둘 다 [우]는 약하게 발음하기~.

---

10 **pot**
[pɑt]

명사 냄비, 솥, 항아리

First, put the onions in the **pot**.
먼저 냄비에 양파를 넣어라.

> 포틀럭 파티(potluck party): 각자 음식을 한 가지씩 가져와
> 즐기는 파티를 말해. 음식을 가져오는 냄비(pot)에 행운(luck)도
> 함께하기를 바라는 마음이 담겨 있는 거겠지?

---

11 **wash**
[wɑʃ]

동사 씻다, 닦다, 빨다

I'm **washing** my hands.
나는 손을 닦는 중이야.

---

12 **spill**
[spil]

– spilled – spilled
또는 – spilt – spilt

동사 쏟다, 흘리다, 쏟아져 나오다

Be careful not to **spill** the milk.
우유를 쏟지 않도록 주의해라.

It is no use crying over **spilt** milk.
엎질러진 우유 앞에서 울어 봐야 소용없다. (이미 엎질러진 물이다.)

13

flour
[fláuər]

명사 밀가루, 가루

It's too wet. Add more **flour**.

그건 너무 질다. 밀가루를 더 넣어라.

> 시험에 잘 나오는 동음이의어: flour(밀가루) – flower(꽃)

14

mix
[miks]

동사 섞다, 혼합하다, 섞이다

mixture **명사** 혼합, 혼합물

Mix the ingredients and stir.

재료들을 섞고 저어라.

15

wrap
[ræp]

동사 싸다, 포장하다

Could you **wrap** this, please?

이것 좀 포장해 주시겠어요?

> 동음이의어: wrap(포장하다) – rap(노래의 랩)

16

boil
[bɔil]

동사 끓다, 끓이다, 삶다

boiler **명사** 보일러

Boil the eggs for seven minutes.

달걀을 7분간 삶으세요.

> boil의 뜻을 잊지 못하게 만드는 단어, '보일러(boiler)'! 물을
> 끓여(boil) 고온의 증기로 건물을 따뜻하게 하는 원리 때문에
> 난방기를 '보일러'라고 부르게 된 거야. 절대 못 잊겠지?

17 eat out

외식하다

Why don't we **eat out** this evening?

오늘 저녁에 외식할까?

18 help yourself to (음식을) 마음껏 먹다

Help yourself to this *bulgogi*.

여기 이 불고기를 마음껏 드세요.

19 prepare for

~을 준비하다

I must **prepare for** the exam.

나는 시험 준비를 해야 해.

20 do ... a favor

~의 부탁을 들어주다 (＊ask a favor of ~에게 부탁하다)

Can you **do** me **a favor**?

(= Can I **ask a favor of** you?) 부탁 하나 드려도 될까요?

A 단어 영어는 우리말로, 우리말은 영어로 쓰기

01 delicious ＿＿＿＿＿＿＿＿

02 bite ＿＿＿＿＿＿＿＿

03 course ＿＿＿＿＿＿＿＿

04 order ＿＿＿＿＿＿＿＿

05 bowl ＿＿＿＿＿＿＿＿

06 wash ＿＿＿＿＿＿＿＿

07 flour ＿＿＿＿＿＿＿＿

08 wrap ＿＿＿＿＿＿＿＿

09 목이 마른 ＿＿＿＿＿＿＿＿

10 식사 ＿＿＿＿＿＿＿＿

11 후식 ＿＿＿＿＿＿＿＿

12 식습관 ＿＿＿＿＿＿＿＿

13 냄비 ＿＿＿＿＿＿＿＿

14 쏟다, 흘리다 ＿＿＿＿＿＿＿＿

15 섞다 ＿＿＿＿＿＿＿＿

16 끓이다, 삶다 ＿＿＿＿＿＿＿＿

B 단어 관계에 주의하여 단어 쓰기

17	＿＿＿＿＿ 후식	— 혼동어	＿＿＿＿＿ 사막
18	＿＿＿＿＿ 혼합하다	→ 명사로	＿＿＿＿＿ 혼합
19	＿＿＿＿＿ 맛있는	= 유의어	＿＿＿＿＿ 맛있는

C 숙어 숙어 이용하여 문장 완성하기

20 I didn't ＿＿＿＿＿ ＿＿＿＿ lunch.
점심 준비를 못했어요.

21 Will you ＿＿＿＿ me ＿＿＿＿＿＿＿?
부탁 하나 들어 주실래요?

22 How about ＿＿＿＿ ＿＿＿＿ today?
오늘은 나가서 먹는 게 어때요?

요일(day) 이름에 담긴 문화 이야기

영어를 비롯해 유럽 여러 나라의 언어에서 '요일' 이름은 대부분 행성 이름 또는 고대 신들의 이름을 따서 만들었어.

Sunday, Monday, Saturday는 행성 이름에서 따왔어.
Sunday (일요일): Sun (태양)
Monday (월요일): Moon (달)
Saturday (토요일): Saturn(토성)

요일 이름의 첫 글자는 항상 대문자로 쓴다는 것을 잊지 마.

Basic Words 이야기에 사용된 왕기초 어휘 쓰기

• _____ 일요일	• _____ 태양	• _____ 월요일
• _____ 달	• _____ 화요일	• _____ 수요일

화요일부터 금요일까지는
게르만 신화에 나오는 신들의 이름에서 따왔어.
Tuesday (화요일): 군사와 전쟁의 신 Tyr(티르)
Wednesday (수요일): 바람의 신 Odin(오딘)

Thursday (목요일): 천둥과 번개의 신 Thor(토르)
Friday (금요일): 사랑의 여신 Frigg(프리그)

여기서 하나 더.
요일 이름이 들어간 표현 가운데 TGIF라는
말이 있는데 Thanks, God. It's Friday.(신이시여,
감사합니다. 금요일이군요.)의 약자야.
힘든 한 주를 마무리하고 맞는 주말의
해방감을 기쁘게 표현하는 말이지.

* _____ 목요일   * _____ 금요일   * _____ 토요일
* _____, God. It's _____. 신이시여, 감사합니다. 금요일입니다.

01 **life**
[laif]
복 lives

명사 삶, 생활

live [liv] 동사 살다　[laiv] 형용사 살아 있는

We use gestures in daily **life**.
우리는 일상생활에서 제스처를 사용한다.

02 **death**
[deθ]

명사 죽음

die 동사 죽다

dead 형용사 죽은

Is there life after **death**?
죽음 이후의 삶이 있을까?

birth ↔ death

03 **neighbor**
[néibər]

명사 이웃, 이웃 사람, 옆 자리 사람

neighborhood 명사 이웃, 근처, 동네; 이웃 사람들

I'm your new **neighbor**. 저는 새로 온 이웃입니다.

[neighbor의 gh는 묵음이라 [네이버]라고 발음해.]

04 **remember**
[rimémbər]

동사 기억하다, 기억나다

I didn't **remember** calling you. Sorry.
전화했어야 하는 걸 기억하지 못했어. 미안해.

Remember to call me when you arrive.
도착하면 내게 전화하는 것을 기억해라.

┌───┐
지나간 일을 기억하다: remember + 동명사 (위 예문)

앞으로 할 일을 기억하다: remember + to부정사 (아래 예문)
└───┘

05 advice
[ædváis]

명사 충고, 조언

advise **동사** 충고하다, 조언하다

Whose **advice** should I follow?
누구의 충고를 받아들여야 할까?

> 명사 advice와 동사 advise의 철자를 잘 구분해서 기억해.
> 끝소리도 명사는 [-s], 동사는 [-z]로 서로 달라.

---

06 problem
[prábləm]

명사 문제

What's the **problem**?
문제가 뭐야?

Tell me how to solve this **problem**.
이 문제를 어떻게 풀어야 하는지 알려줘.

---

07 newspaper
[njú:zpèipər]

명사 신문, 신문지

news **명사** 소식, 뉴스

Newspaper reporters gather news from many sources. 신문 기자들은 여러 정보원으로부터 새 소식을 모은다.

> news(소식) + paper(종이) = newspaper(신문)
> news(소식) + letter(편지) = newsletter(소식지, 회보)

---

08 foreign
[fɔ́:rin]

형용사 외국의, 대외적인; 이질적인

foreigner **명사** 외국인, 국외자

I'd like to travel to lots of **foreign** countries.
나는 외국으로 여행을 많이 다니고 싶다.

> foreign의 g는 묵음이라 [포린]이라고 발음해.

09 target
[tá:rgit]

명사 목표, (목표로 하는) 대상, 표적

What is your **target** for this year?
너의 올해 목표는 무엇이니?

---

10 chief
[tʃi:f]

chief

형용사 주된, 최고위의
명사 최고위자, 족장

Who is the **chief** manager of this store?
이 매장의 최고 관리자가 누구인가요?

---

11 beat
[bi:t]
– beat – beaten

명사 타격, 울림; 맥박; 박자, 운율
동사 (계속 세게) 때리다, 두드리다, 부딪히다; 이기다

I heard **beats** on the drum.
나는 북이 울리는 소리를 들었다.

Ralph **beat** me during the boxing match.
랄프가 복싱 경기에서 나를 이겼다.

---

12 experience
[ikspí(:)əriəns]

experience

명사 경험, 경력, 체험
동사 경험하다, 겪다

We all learn by **experience**.
우리는 모두 경험을 통해 배운다.

13 **evidence**
[évidəns]

명사 증거, 흔적

There is no **evidence** of her guilt.
그녀가 죄가 있다는 증거는 없다.

---

14 **return**
[ritə́ːrn]

동사 돌아오다; 돌려주다, 반납하다

명사 귀환; 반납

Why does a boomerang **return** to its thrower?
왜 부메랑은 던진 사람에게 되돌아오는 걸까?

I met him on the **return** trip.
나는 여행에서 돌아오는 길에 그를 만났다.

---

15 **joke**
[dʒouk]

명사 농담, 우스개; 웃기는 사람[것]

It's nothing but a **joke**.
그저 농담이야.

---

16 **month**
[mʌnθ]

명사 달, 월, 개월

monthly 형용사/부사 매달의; 한 달에 한 번, 매월, 다달이

I go to the movies about twice a **month**.
나는 한 달에 두 번쯤 영화 보러 간다.

> hour(1시간) – hourly(매시간) / day(하루) – daily(매일)
> week(일주일) – weekly(매주) / year(1년) – yearly(매년)
> half a month 보름, 15일 / a month and a half 한 달 반

17 **hurry up**

서두르다, 급히 ~하다

Hurry up! We're late.

서둘러! 우리 늦었어.

18 **take a bus**

버스를 타다

I **take a bus** to school every day.

나는 매일 버스를 타고 학교에 가.

19 **take a trip**

여행하다

I will **take a trip** to Europe someday.

나는 언젠가 유럽으로 여행 갈 거야.

20 **take a walk**

산책하다

I went out to **take a walk** with my dog.

나는 개를 데리고 산책하려고 나갔다.

A 단어 영어는 우리말로, 우리말은 영어로 쓰기

01 life _____ 09 죽음 _____

02 neighbor _____ 10 기억하다 _____

03 advice _____ 11 문제 _____

04 newspaper _____ 12 외국의 _____

05 target _____ 13 주된; 최고위자 _____

06 beat _____ 14 경험; 경험하다 _____

07 evidence _____ 15 돌아오다; 귀환 _____

08 joke _____ 16 달, 월 _____

B 단어 관계에 주의하여 단어 쓰기

17	_____ : _____	=	_____ : _____
	살다　　　　　삶	동사 : 명사	die　　　죽다　　　죽음
18	_____ 충고하다	→ 명사로	_____ 충고
19	_____ 달, 월	→ 부사로	_____ 매월, 다달이

C 숙어 숙어 이용하여 문장 완성하기

20 Let's _____ _____ _____.
우리 여행 가자.

21 It's a lovely day. Let's _____ _____
_____. 날씨가 좋구나. 산책하자.

22 OK. We should _____ _____.
알았어. 서둘러야겠다.

01 vacation
[veikéiʃən]

명사 방학, 휴가

I'm on **vacation**.
나는 휴가 중이다.

---

02 plan
[plæn]

– planned – planned

명사 계획, 방침
동사 계획을 세우다, 계획하다
planning **명사** 계획 세우기

Let's make a **plan** for our vacation.
우리 방학 계획을 세우자.

---

03 distance
[dístəns]

명사 거리; 먼 곳

distant **형용사** 먼, 떨어져 있는

What's the **distance** between Seoul and Busan?
서울에서 부산까지의 거리는 얼마인가요?

---

04 outdoor
[áutdɔ̀ːr]

형용사 옥외의, 야외의

indoor **형용사** 실내의, 실내용의

We enjoy **outdoor** activities.
우리는 야외 활동을 즐긴다.

out(바깥쪽의) + door(문) = outdoor(야외의)
in(안쪽의) + door(문) = indoor(실내의)

05 beach
[biːtʃ]

명사 해변, 바닷가

My holiday at the **beach** was awesome.
해변에서의 휴가는 끝내줬다.

---

06 wild
[waild]

형용사 야생의, 자연 그대로의, 사람이 손대지 않은

You can visit a **wild** animal park in this city.
이 도시에서는 야생 동물 공원에 가 볼 수 있다.

---

07 choose
[tʃuːz]
- chose - chosen

동사 고르다, 선택하다

choice 명사 선택

You can **choose** the color you want.
네가 원하는 색을 골라도 된다.

---

08 match
[mætʃ]

명사 시합; 맞수; 잘 어울리는 것; 성냥
동사 어울리다, 일치하다

The Korean team is leading the soccer **match**.
축구 경기에서 한국 팀이 이기고 있다.

> 타이틀 매치(title match)는 권투나 레슬링에서 선수권을 걸고
> 하는 시합을 말하고, 에이 매치(A match)는 축구에서 국가 대표
> 팀 간의 정식 경기를 말해. 'match = 시합' 오래 기억하겠지?

09 **near**
[niər]

형용사 가까운 부사 가까이

nearly 부사 거의

My home is **near** the museum.
우리 집은 박물관 근처이다.

[near(가까운, 가까이)와 nearly(거의)의 뜻을 구분해서 알아둬.]

far

near

---

10 **famous**
[féiməs]

형용사 유명한, 널리 알려진

Brian's uncle is a **famous** scientist.
브라이언의 삼촌은 유명한 과학자이다.

---

11 **close**
[klous]

동사 닫다, 감다, 덮다
형용사 가까운, 친한, 거의 ~할 것 같은

closely 부사 접근하여, 바싹, 밀접하게, 친밀하게

We are **close** friends.
우리는 친한 친구 사이야.

His house is **close** to mine.
그의 집은 우리 집에서 가까워.

---

12 **area**
[ɛ́əriə]

명사 지역, 구역

We've just passed by the downtown **area**.
우리는 방금 도심 지역을 지나왔다.

13

destroy
[distrɔ́i]

동사 파괴하다, 말살하다, 죽이다

Who **destroyed** my chair?
누가 내 의자를 망가뜨린 거야?

14

discover
[diskʌ́vər]

동사 발견하다, 찾다

I **discovered** that he was a liar.
나는 그가 거짓말쟁이라는 것을 알게 되었다.

> discover의 dis에는 '반대, 부정'의 뜻이 있어.
> cover(가리다, 덮다) ↔ discover(발견하다)

15

gather
[gǽðər]

동사 모으다, 모이다

We **gathered** under the tree.
우리는 나무 아래 모였다.

I'm **gathering** nuts.
나는 견과류를 모으고 있다.

16

use
동 [juːz] 명 [juːs]

동사 사용하다, 쓰다, 이용하다
명사 사용, 이용, 용도
useful 형용사 유용한
useless 형용사 쓸모없는, 소용없는

You may **use** my pen. 제 펜을 쓰셔도 됩니다.

17 **make noise**

소란을 피우다, 시끄럽게 하다

We **made** a lot of **noise** when Jerome scored a goal. 제롬이 점수를 따자 우리는 소란스러워졌다.

18 **be used to**

~하는 데 익숙하다

I**'m used to** working alone.

나는 혼자 일하는 것에 익숙하다.

[be used to 뒤에 동사를 쓰려면 반드시 동명사의 형태로 써야 해.]

19 **be famous for**

~으로 유명하다

California **is famous for** its nice beaches.

캘리포니아는 아름다운 해변으로 유명하다.

20 **be proud of**

~을 자랑스러워하다

BJ passed the audition. I**'m proud of** him.

BJ가 오디션에 합격했다. 나는 그가 자랑스럽다.

This place **is famous for** its grapes.
이곳은 포도로 유명해.

I**'m used to** making grape jam. 난 포도잼을 만드는 데 익숙해.

I**'m proud of** my hometown. 나는 우리 고향이 자랑스러워.

A 단어 영어는 우리말로, 우리말은 영어로 쓰기

01 vacation _____

02 distance _____

03 beach _____

04 choose _____

05 near _____

06 close _____

07 destroy _____

08 gather _____

09 계획; 계획하다 _____

10 야외의 _____

11 야생의 _____

12 시합; 어울리다 _____

13 유명한 _____

14 지역 _____

15 발견하다 _____

16 사용하다; 이용 _____

B 단어 관계에 주의하여 단어 쓰기

17
_____
사용하다

→
형용사로

_____
유용한

18
_____
선택하다

→
명사로

_____
선택

19
_____
야외의

↔
반의어

_____
실내의

C 숙어 숙어 이용하여 문장 완성하기

20 It is rude to _____ _____ in a public place.
공공장소에서 시끄럽게 하는 건 실례다.

21 Jim _____ _____ _____ being talkative.
짐은 수다스럽기로 유명하다.

22 I'm not _____ _____ talking with him.
나는 그와의 대화가 익숙하지 않다.

Day 13

01

park
[pɑːrk]

명사 공원; 지역   **동사** 주차하다

There are lots of **parking** lots around this **park**.
이 공원 주변에는 주차장(주차할 곳)이 많다.

> park의 대표적인 두 가지 뜻을 꼭 기억해. ① 공원 ② 주차하다
>
> 주차장: parking lot, parking place, parking area

02

trash
[træʃ]

명사 쓰레기

Don't throw it away. The **trash** can is full.
던지지 마. 쓰레기통이 꽉 찼어.

03

environment
[inváiərənmənt]

명사 환경

environmental **형용사** 환경의

What can we do for our **environment**?
환경을 위해 우리는 무엇을 할 수 있을까?

04

protect
[prətékt]

동사 보호하다, 지키다

protection **명사** 보호, (보험) 보장

We should **protect** the environment.
우리는 환경을 보호해야 해.

05 pick
[pik]

동사 고르다, 선택하다; 파다; (꽃을) 꺾다, (과일을) 따다
명사 고르기, 선택; 곡괭이

She is about to **pick** the plant.
그녀는 식물을 <u>꺾으려고</u> 하고 있다.

Take your **pick**.
선택해.

---

06 carry
[kǽri]
- carried - carried

동사 나르다, 운반하다, 옮기다, 가지고 다니다

Frank is **carrying** a suitcase.
프랭크는 여행 가방을 옮기고 있다.

---

07 keep
[ki:p]
- kept - kept

동사 유지하다, 계속 하다; 가지고 있다; 지키다

You have a cute smile. **Keep** smiling.
당신은 웃는 모습이 귀여워요. 늘 웃으세요.

You should **keep** the rules of your school.
너는 학교의 규칙을 <u>지켜야</u> 한다.

---

08 fine
[fain]

형용사 좋은; 질 높은; 건강한; 맑은; 미세한
명사 벌금

I'm **fine**. Thank you. 잘 지내요. 고마워요.

I have to pay a **fine** of 200 dollars.
나는 벌금 200달러를 내야 한다.

> fine은 시험에 잘 나오는 다의어야. "좋은, 미세한, 벌금"이라는
> 대표적인 뜻 세 가지를 꼭 기억해.

09 **weather**
[wéðər]

명사 날씨, 일기, 기상

We have rainy **weather** this week.
이번 주는 내내 비가 오는군.

---

10 **wet**
[wet]

형용사 젖은; 비가 오는

I'm completely **wet** because of the
sudden rain. 갑자기 내린 비 때문에 홀딱 젖었어.

---

11 **dry**
[drai]
– dried – dried

형용사 건조한, 마른　동사 말리다, 건조시키다

dryer 명사 건조기

Wet places get wetter and **dry** places get drier.
습한 지역은 더 습해지고, 건조한 지역은 더 건조해진다.

I **dry** my hair and comb it. 나는 머리를 말리고 빗질한다.

[혼동어: drier(dry의 비교급) – dryer(말리는 기계, 건조기)]

---

12 **flow**
[flou]

명사 흐름
동사 흐르다, 흘러나오다

How can we stop the **flow** of blood?
어떻게 하면 지혈할(피의 흐름을 막을) 수 있을까?

Rivers **flow** into the ocean.
강은 바다로 흐른다.

13 lazy
[léizi]

형용사 게으른, 느긋한, 여유로운

I am slow and **lazy**.
나는 느리고 게으르다.

---

14 diligent
[dílidʒənt]

형용사 부지런한, 성실한

Mr. Jones is honest and **diligent**.
존즈 씨는 정직하고 성실하다.

lazy ↔ diligent

---

15 hard
[hɑːrd]

형용사 딱딱한; 어려운, 힘든 **부사** 열심히, 철저히, 심하게
hardly **부사** 거의 ~ 아니다, 거의 ~하지 않다

These rocks are very **hard**. 이 바위들은 무지 단단하다.

I can **hardly** believe that it's mine.
그게 내 것이라니 믿을 수가 없다.

[hardly는 부정어 not, never 없이 부정의 뜻을 나타내.]

---

16 manage
[mǽnidʒ]

동사 간신히 해내다, 어떻게든 ~하다
manager **명사** 경영자, 운영자, 관리자

How did you **manage** that problem?
그 문제를 어떻게 처리했니?

17 under the weather

(몸이나 기분이) 좋지 않은

I'm feeling a little **under the weather**.

기분이 별로 좋지 않아.

18 had better

~하는 게 더 낫다

You **had better** go see a doctor.

병원에 가 보는 게 좋겠어.

had better 뒤에는 동사원형을 쓴다는 것을 꼭 기억해.

19 pick up

집어 올리다, 줍다; ~를 태우러 가다

A I have to go to **pick up** garbage.

쓰레기를 주우러 가야 해요.

B OK. I'll **pick** you **up** at seven.

알았다. 내가 7시에 태우러 갈게.

20 fall down

떨어지다, 쓰러지다

Don't run too fast. You may **fall down**.

너무 빨리 뛰지 마라. 넘어질라.

I **picked up** trash all day long. 하루 종일 쓰레기를 주웠어.

I'm **under the weather**. 몸이 안 좋아.

아, 더워라~

You **had better** get some rest. 좀 쉬는 게 좋겠다.

헥 헥

A 단어 영어는 우리말로, 우리말은 영어로 쓰기

01 park _____

02 environment _____

03 pick _____

04 keep _____

05 weather _____

06 dry _____

07 lazy _____

08 hard _____

09 쓰레기 _____

10 보호하다 _____

11 운반하다 _____

12 좋은, 건강한 _____

13 젖은 _____

14 흐름; 흐르다 _____

15 부지런한 _____

16 간신히 해내다 _____

B 단어 관계에 주의하여 단어 쓰기

17 _____ 게으른   ↔ 반의어   _____ 부지런한

18 _____ 젖은   ↔ 반의어   _____ 마른

19 _____ 환경   → 형용사로   _____ 환경의

C 숙어 숙어 이용하여 문장 완성하기

20 I _____ _____ on the icy road.

빙판길에서 넘어졌어요.

21 And I feel _____ _____ _____.

그래서 기분이 안 좋아요.

22 Please _____ me _____ right now.

지금 저를 데리러 와 주세요.

---

01 appointment
[əpɔ́intmənt]

명사 약속; 임명

I have an **appointment** to see my doctor.
의사 선생님을 뵙기로 약속했어요.

---

02 leisure
[líːʒər]

명사 여가

We enjoy **leisure** activities on weekends.
우리는 주말에 여가 활동을 즐긴다.

---

03 previous
[príːviəs]

형용사 앞의, 이전의

Click "cancel" to return to the **previous** page.
이전 페이지로 돌아가려면 "취소"를 누르세요.

I have a **previous** appointment.
나는 선약(먼저 한 약속)이 있어.

---

04 dark
[dɑːrk]

형용사 어두운, 깜깜한; 짙은 (↔ **light** 밝은, 옅은)
darkness **명사** 어둠, 암흑

Put it in a **dark** place. 그것을 어두운 곳에 두어라.

The door was painted **dark** gray.
문은 짙은 회색으로 칠했다.

> light brown(옅은 갈색) – dark brown(짙은 갈색)
>
> dark circle(다크서클): 눈 아랫부분이 검게 그늘져 보이는 것

05 **laugh**
[læf]

동사 웃다

laughter **명사** 웃음, 웃음소리

When you **laugh**, your brain works better.
웃으면 뇌 활동이 활발해진다.

> laugh[래프]와 laughter[래프터]의 gh는 [f] 소리가 나.
> neighbor(이웃)와 right의 gh는 소리가 나지 않는 묵음이야.

---

06 **promise**
[prámis]

동사 약속하다; ~의 조짐을 보이다
명사 약속; 징조

I **promise** I'll come back.
돌아올 것을 약속합니다.

Forgive me for breaking my **promise**.
약속을 못 지킨 것을 용서해 줘.

---

07 **forest**
[fɔ́(:)rist]

명사 숲, 삼림

Playing in the **forest** is fun.
숲에서 노는 것은 재미있다.

---

08 **shadow**
[ʃǽdou]

명사 그림자, 그늘; 흔적

Look at my **shadow**.
내 그림자를 봐.

09 move
[mu:v]

동사 움직이다; 이사하다, 옮기다
movement **명사** 움직임, 이동, 운동

Move a little to the left.
왼쪽으로 약간 이동해라.

We're **moving** to Incheon next month.
우리는 다음 달에 인천으로 이사 간다.

10 prevent
[privént]

동사 막다, 예방하다, 방지하다

Vitamins help **prevent** the flu.
비타민은 독감을 예방하는 데 도움이 된다.

It is easier to **prevent** bad habits than to break them. 나쁜 습관은 고치는 것보다 예방하는 것이 더 쉽다.

11 message
[mésidʒ]

명사 전갈, 메시지, 교훈

I'll send you a text **message**.
문자 메시지 보낼게.

[혼동어: message(메시지, 전달 내용) – massage(마사지, 안마)]

12 blow
[blou]
– blew – blown

동사 (입으로) 불다, (바람이) 불다, (악기 등을) 불다

The girl is **blowing** bubbles.
소녀가 비눗방울을 불고 있다.

13 **time**
[taim]

명사 시간, 시각; 때, 시기

Do you have the **time**? (= What **time** is it now?)
지금 몇 시예요?

Do you have a **time**?
시간 좀 내줄 수 있나요?

---

14 **present**
[prézənt]

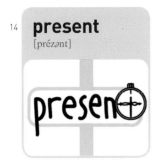

명사 현재; 선물

interest in the **present** 현재에 대한 흥미

형용사 (사람이) 존재하는, 참석한

I was **present** at the meeting. 그 회의에 나도 참석했다.

[prizént] **동사** 주다, 증정하다

He **presented** me with a flower. 그는 내게 꽃을 주었다.

---

15 **past**
[pæst]

명사 과거, 지난날

형용사 지나간, 과거의

We used to go there in the **past**.
우리는 과거에 그곳에 자주 갔었다.

---

16 **future**
[fjúːtʃər]

명사 미래, 장래, 앞날

형용사 미래의, 향후의

The past is important, but the **future** is more
important. 과거도 중요하지만 미래가 더 중요해.

17 make an appointment with

~와 만날 약속을 하다

Did you **make an appointment with** the doctor? 의사 선생님을 뵙기로(진료를 받기로) 약속하셨어요?

18 drop by

~에 들르다

I'll **drop by** your shop tomorrow morning.
내일 오전에 가게에 들르겠습니다.

19 keep one's promise

약속을 지키다

Mike always **keeps his promises**.
마이크는 항상 약속을 잘 지킨다.

20 at once

즉시, 당장, 얼른

Do your homework **at once**.
당장 숙제해라.

Answers p. 267

A 단어 영어는 우리말로, 우리말은 영어로 쓰기

01 appointment ____________

02 previous ____________

03 laugh ____________

04 forest ____________

05 move ____________

06 message ____________

07 time ____________

08 past ____________

09 여가 ____________

10 어두운; 짙은 ____________

11 약속하다 ____________

12 그림자; 흔적 ____________

13 막다, 방지하다 ____________

14 불다 ____________

15 현재 ____________

16 미래 ____________

B 단어 관계에 주의하여 단어 쓰기

17	____________ 웃다	→ 명사로	____________ 웃음
18	____________ 움직이다	→ 명사로	____________ 움직임
19	____________ 어두운	→ 명사로	____________ 어둠

C 숙어 숙어 이용하여 문장 완성하기

20 Did you ________ your ________ with John?
존과 약속 지켰니?

21 No. I had to ________ ________ Jin's store.
아니. 진이네 가게에 들러야 했어.

22 Say sorry to him ________ ________.
그 애한테 즉시 사과해라.

01 mean
[mi:n]
– meant – meant

동사 뜻하다, 의미하다

meaning 명사 의미, 뜻

"Big mouth" **means** a person who tells secrets.
big mouth는 비밀을 말해버리는 사람을 뜻한다.

> mean에는 '비열한, 못된'이라는 형용사의 뜻도 있어.
> 복수형 means는 '수단, 방법'의 뜻으로 쓰이니 주의해.

02 speak
[spi:k]
– spoke – spoken

동사 말하다, 이야기하다; 연설하다

speech 명사 연설; 담화, 말

Speak more slowly, please.
더 천천히 말씀해 주세요.

03 know
[nou]
– knew – known

동사 알다, 깨닫다, 이해하다

knowledge 명사 지식

I don't **know** how to get there.
그곳에 어떻게 가는지 모르겠어.

> know와 knowledge의 k는 묵음이라 [노우]와 [날리쥐]라고 발음해.

04 understand
[ʌ̀ndərstǽnd]
– understood – understood

understand

동사 이해하다, 알아듣다

understanding 명사 이해

I **understand** how you feel.   네 기분 이해해.

> understand의 시제 변화형은 stand의 변화형과 같은 방식이야.
> stand – stood – stood
> understand – understood – understood

05 **reply**
[riplái]
- replied - replied

동사 대답하다, 답장하다, 응하다

OK. I'm ready to **reply**.
좋아. 나는 응답할 준비가 되어 있어.

---

06 **hold**
[hould]
- held - held

동사 잡고[들고] 있다, 쥐다, 들다; 참다

My grandma is **holding** a baby.
할머니께서 아기를 안고 있다.

Hold your breath for a moment.
잠시만 숨을 참아라.

---

07 **exercise**
[éksərsàiz]

동사 운동하다, 연습하다, 훈련하다
명사 운동, 연습, 훈련

I **exercise** every morning.
나는 매일 아침 운동한다.

Running is good **exercise**.
달리기는 좋은 운동이다.

---

08 **climb**
[klaim]

동사 오르다, 올라가다, 등반하다
명사 등산; 증가, 상승

He **climbed** up the ladder.
그는 사다리를 타고 올라갔다.

[climb의 b는 묵음이라 [클라임]이라고 발음해.]

09 busy
[bízi]

형용사 바쁜, 열심히 ~하는

My teacher looks busy.
우리 선생님은 바쁘신 것 같다.

> busy 하면 떠오르는 곤충은? 바삐 날아다니는 bee(벌)야. 그래서
> bee를 이용해서 바쁘다거나 부지런하다는 표현을 하기도 해.
> busy bee(부지런한 일꾼) / as busy as a bee(매우 바쁜)

---

10 business
[bíznis]

명사 사업, 상업; 일, 업무

businessman **명사** 사업가, 상인

She started the business last year.
그녀는 그 사업을 작년에 시작했다.

> 발음: busy와 business의 bu는 [bi]로 발음해. 특이하지?
>
> 표현: None of your business. ((네 일 아니니) 신경 쓰지 마.)

---

11 child
[tʃaild]
복 children

명사 아이, 어린이; 자식

childhood **명사** 어린 시절

How many children do you have?
자녀가 몇이세요?

I have only one child.
자식이 한 명뿐이에요.

child → **복** children

---

12 adult
[ədʌ́lt]

명사 성인, 어른, 다 자란 동물

adulthood **명사** 성년, 성인기

What's the price for adults?
성인은 요금이 얼마인가요?

13 **turn**
[tə:rn]

동사 돌다, 돌리다; 넘다, 넘기다
명사 돌기, 회전, 방향 전환; 모퉁이; 차례

Turn right at the second corner.
두 번째 모퉁이에서 오른쪽으로 도세요.

It's my **turn**.
내 차례다.

---

14 **contest**
[kántest]

명사 대회, 시합; 경쟁
동사 경쟁하다

He entered the singing **contest**.
그는 노래 대회에 참가했다.

---

15 **pass**
[pæs]

동사 지나가다, 통과하다; 건네주다; 합격하다
명사 합격; 통행증, 승차권; 통행

At last I **passed** the exam!
마침내 시험에 합격했어!

I lost my boarding **pass**.
나는 비행기 탑승권을 잃어버렸다.

---

16 **miss**
[mis]

동사 놓치다, 지나치다; 그리워하다
명사 오류

I **missed** the boat again. 배를 또 놓쳤다.

I **miss** my son. 아들이 보고 싶다.

17 instead of　　　　　～ 대신에

How about an apple **instead of** candy?

사탕 대신 사과는 어때?

18 according to　　　　　～에 따르면

According to the news, LA lost the game.

뉴스에 따르면 LA가 경기에서 졌어.

19 win the contest　　　대회에서 우승하다

Carol **won the** cooking **contest**.

캐롤이 요리 대회에서 우승했어.

20 be busy -ing　　　　　～하느라 바쁘다

I **was busy preparing** for the party.

파티 준비하느라 바빴어.

According to Jim, Kelly **is busy preparing** for the contest. 짐에 의하면, 켈리는 대회 준비로 바빠.

I think she'll **win the contest**. 내 생각엔 그녀가 우승할 것 같아.

A 단어 영어는 우리말로, 우리말은 영어로 쓰기

01 mean _____

02 know _____

03 reply _____

04 exercise _____

05 busy _____

06 child _____

07 turn _____

08 pass _____

09 말하다; 연설하다 _____

10 이해하다 _____

11 잡고 있다 _____

12 오르다 _____

13 사업 _____

14 성인 _____

15 대회; 경쟁하다 _____

16 놓치다; 오류 _____

B 단어 관계에 주의하여 단어 쓰기

17	child 아이	:	childhood 어린 시절	=	_____ 성인	:	_____ 성인기

18	_____ 말하다	→ 명사로	_____ 연설

19	_____ 알다	→ 명사로	_____ 지식

C 숙어 숙어 이용하여 문장 완성하기

20 We should find someone else _____ _____ Simon.
우리는 사이먼 대신에 다른 사람을 찾아봐야 해.

21 He _____ _____ _____ for the exam.
그는 시험 준비하느라 바빠.

22 _____ _____ _____ Jack, Bruno plays rugby well.
잭의 말에 따르면 브루노가 럭비를 잘해.

01 snail
[sneil]

명사 달팽이

My brother is as slow as a **snail**.
우리 오빠는 달팽이처럼 느리다.

> 주로 '골뱅이'라고 부르는 @은 영어로 at이라고 읽는데,
> 달팽이처럼 생겨서 snail이라고도 해. 그리고 이메일(e-mail)에
> 비해 전달이 느린 옛날식 우편 제도는 snail mail이라고 해.

02 repair
[ripέər]

동사 수리하다, 고치다
명사 수리, 수선

My car is being **repaired**.
내 차는 수리 중에 있다.

The bridge is currently under **repair**.
그 다리는 현재 보수 중이다.

03 convenient
[kənví:njənt]

형용사 편리한, 간편한

convenience **명사** 편의, 편리, 편리한 것

The remote control is easy to use and
convenient. 리모콘은 사용하기 쉽고 편리하다.

> 24시간 운영하는 편의점은 아무 때나 편리하게 이용할 수 있어서
> 영어로 convenience store(컨비니언스 스토어)라고 해.

04 search
[sə:rtʃ]

명사 검색, 수색, 찾기
동사 찾아보다, 검색하다, 수색하다

Search your room from top to bottom.
방을 샅샅이 찾아봐.

05 invent
[invént]

동사 발명하다, (사실이 아닌 것을) 지어내다

inventor **명사** 발명가, 창안자

invention **명사** 발명품

He wants to **invent** something new.
그는 뭔가 새로운 것을 발명하고 싶어 한다.

06 subject
[sʌ́bdʒikt]

명사 주제; 과목; 대상; 주어

What is the **subject** of this poem?
이 시의 주제는 무엇이니?

Science is my favorite **subject**.
내가 가장 좋아하는 과목은 과학이다.

07 math
[mæθ]

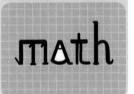

명사 수학(mathematics); 계산

I can solve this **math** problem.
나는 이 수학 문제를 풀 수 있다.

08 report
[ripɔ́ːrt]

동사 알리다, 전하다, 보도하다
명사 보도, 발표; 기록; 성적표

reporter **명사** 기자, 리포터

Where should I put this **report** card?
이 성적표를 어디에 두어야 할까?

09 **responsible**
[rispánsəbl]

형용사 ~에 대해 책임이 있는, 책임지고 있는

responsibility 명사 책임, 책무

I am **responsible** for it.
나에게 그것에 대한 책임이 있다.

---

10 **straight**
[streit]

부사 똑바로, 곧장 형용사 곧은, 똑바른

Go **straight** for two blocks.
두 블록 곧장 가세요.

Brody has long, **straight** hair.
브로디는 긴 생머리(쭉뻗은 머리)를 하고 있다.

straight A's: 전과목 A학점

---

11 **shape**
[ʃeip]

명사 모양, 형태, 체형
동사 ~ 모양으로 만들다, 형성하다

The dish is oval in **shape**.
그 접시는 모양이 타원형이다.

 CIRCLE
 SQUARE
 RECTANGLE
 PENTAGON

---

12 **pattern**
[pǽtərn]

명사 양식, 패턴, 무늬; 모범

How do you like the diamond **pattern**?
다이아몬드 무늬는 어때?

13 **satisfy**
[sǽtisfài]

동사 만족시키다, 충족시키다

satisfied 형용사 만족스러운, 만족하는

I'm **satisfied** with the results.
나는 그 결과에 만족해.

> 사람이 만족스러움을 느낄 때는 satisfied,
> 사건, 사물 등이 만족감을 줄 때는 satisfying

---

14 **rainbow**
[réinbòu]

명사 무지개

Look! A **rainbow** is in the sky.
봐. 하늘에 무지개가 떠 있어.

> raincoat(우비), raindrop(빗방울)도 함께 기억해.
> 하나 더! 야외 운동 경기는 비가 오면 다음 경기를 볼 수 있는 우천
> 교환권을 나눠 줘. 이 교환권을 rain check(레인 체크)라고 불러.

---

15 **gift**
[gift]

명사 선물; 재능, 재주

It's a birthday **gift** from my dad.
그것은 아빠가 주신 생일 선물이야.

She has a **gift** for dance.
그녀는 춤에 재능이 있다.

---

16 **nature**
[néitʃər]

명사 자연; 본질, 본성

natural 형용사 자연의, 당연한; 타고난

We can see his love of **nature** in his work.
우리는 그의 작품에서 자연에 대한 그의 사랑을 알 수 있다.

17 A as well as B

B 뿐만 아니라 A도

He **as well as** you is responsible for it.
너 뿐만 아니라 그 애도 그것에 책임이 있어.

> 예문처럼 A as well as B가 주어 자리에 쓰일 때는 A 자리에
> 오는 주어(He)에 맞추어 동사(is)를 사용하는 것에 주의!

18 both A and B

A와 B 둘 다

Both Jill **and** Jenny are responsible for it.
질과 제니 둘 다 그것에 책임이 있어.

19 either A or B

A 또는 B 둘 중 하나

Either she **or** I am to blame.
그녀와 나 둘 중 한 명이 잘못한 거야.

> 예문과 같이 either A or B가 주어 자리에 쓰였을 경우에는
> B 자리에 오는 주어(I)에 맞추어 동사(am)를 사용해.

20 neither A nor B

A와 B 둘 다 아닌

It's **neither** too hot **nor** too cold.
너무 덥지도 너무 춥지도 않다.

Foxy is kind **as well as** cute.
폭시는 귀여울 뿐 아니라 친절해.

Ram is **both** mild **and** smart.
램은 순하고 똑똑해.

Piggy is **neither** clean **nor** diligent. 피기는 깨끗하지도, 부지런하지도 않아.

A 단어 영어는 우리말로, 우리말은 영어로 쓰기

01 snail _____

02 convenient _____

03 invent _____

04 math _____

05 responsible _____

06 shape _____

07 satisfy _____

08 gift _____

09 수리하다 _____

10 검색; 찾아보다 _____

11 주제; 과목 _____

12 알리다; 보도 _____

13 똑바로; 곧은 _____

14 양식, 무늬 _____

15 무지개 _____

16 자연; 본질 _____

B 단어 관계에 주의하여 단어 쓰기

17	_____ 편리한	→ 명사로	_____ 편의
18	_____ 책임감 있는	→ 명사로	_____ 책임
19	_____ 자연	→ 형용사로	_____ 자연의

C 숙어 숙어 이용하여 문장 완성하기

20 This bag is useful _____ _____ _____ stylish.
이 가방은 멋있을 뿐만 아니라 유용하다.

21 This is _____ cheap _____ strong.
이것은 싸면서도 튼튼하다.

22 _____ Mom _____ Dad will buy it.
엄마든 아빠든 그것을 사 주실 것이다.

Day 17

01 wealth
[welθ]

명사 부, 재산, 부유함

wealthy **형용사** 부유한, 재산이 많은

Good health is above **wealth**.
건강이 재산보다 낫다.

```
health(건강) - healthy(건강한)
wealth(부) - wealthy (부유한)
```

02 celebrate
[séləbrèit]

동사 기념하다, 축하하다

celebration **명사** 기념행사, 기념

We **celebrated** Piggy's birthday.
우리는 피기의 생일을 축하해 주었다.

03 department
[dipá:rtmənt]

명사 부서

department store **명사** 백화점

He works in the sales **department**.
그는 판매부에서 근무한다.

04 compare
[kəmpéər]

동사 비교하다, 비유하다

Don't **compare** yourself with others.
네 자신을 남과 비교하지 마라.

I'll **compare** the two reports carefully.
나는 그 두 보고서를 꼼꼼히 비교할 것이다.

05 ## worth
[wəːrθ]

(형용사) ~의 가치가 있는, ~할 가치가 있는
(명사) 가치, 값어치

worthless (형용사) 가치 없는, 쓸모없는

It is **worth** around 3,000 dollars.
그것은 가치가 3천 달러쯤 된다.

---

06 ## price
[prais]

(명사) 값, 가격; 대가; 물가

priceless (형용사) 값을 매길 수 없는, 매우 귀중한

The **price** for juice is only 25 cents.
주스 가격은 25센트입니다.

> -less가 단어 뒤에 붙으면 '~이 없는'이라는 뜻이 돼.
> worthless(가치 없는)와 priceless(값을 매길 수 없이 귀중한)는 똑같이 less를 붙였지만 의미가 완전히 다르니 주의해.

---

07 ## cash
[kæʃ]

(명사) 현금, 현찰

If I pay **cash**, will I get a discount?
현금으로 내면 깎아 주나요?

---

08 ## change
[tʃeindʒ]

(동사) 변하다, 바꾸다, 갈아입다
(명사) 변화; 기분 전환; 거스름돈

My dad is **changing** the light bulb.
아빠가 전구를 갈고 있다.

Here's your **change**.
거스름돈 여기 있습니다.

09 bill
[bil]

명사 계산서; 청구서; 지폐

I should pay these **bills** this month.
나는 이번 달에 이 청구서들을 납부해야 한다.

10 produce
[prədjúːs]

동사 생산하다; (자식이나 새끼를) 낳다
producer **명사** 생산자, (영화, 연극 등의) 제작자
production **명사** 생산, 생산량

They **produce** apple juice.
그들은 사과 주스를 생산한다.

11 professional
[prəféʃənəl]

형용사 전문적인, 직업의　**명사** 전문직 종사자
profession **명사** 직업, 직종

Joe is a **professional** golfer. 조는 프로 골프 선수이다.

professional(프로페셔널)은 pro(프로)라고 줄여 말하기도 해.
pro는 예술이나 운동을 직업으로 삼아 돈을 버는 사람을 말하고,
amateur(아마추어)는 비전문적으로 즐기는 사람을 뜻해.

12 trade
[treid]

명사 거래, 교역, 무역
동사 거래하다, 사업하다

He taught us how to **trade.**
그는 우리에게 거래하는 방법을 가르쳐 주었다.

13 career
[kəríər]

career

명사 직업, **직장 생활, 사회생활**

My uncle started his **career** as a clerk.
우리 삼촌은 점원으로 사회생활을 시작했다.

---

14 garage
[gərá:dʒ]

명사 차고, 주차장; 차량 정비소

The car is inside the **garage**.
차는 차고에 있다.

Mom is having a **garage** sale.
엄마는 차고 세일(중고품 판매)을 하고 있다.

> garage sale(거라쥐 세일)은 '중고 물품 판매'를 뜻해. 사용하지
> 않는 물건을 자기 집 차고(garage)에 펼쳐 놓고 싸게 파는 것을 말하지.

---

15 clock
[klɑk]

<lock

명사 (벽에 걸거나 실내에 두는) 시계

The **clock** is fast. Set it by your phone.
시계가 빠르다. 네 전화기를 보고 맞춰라.

---

16 besides
[bisáidz]

전치사 ~ 외에   **부사** 게다가, **뿐만 아니라**

Besides me, no one knows it.
나 외에는 아무도 그것을 모른다.

Besides, you didn't give the kitty a bath.
게다가, 너는 고양이 목욕도 안 시켰어.

> 혼동어: besides(~ 외에, 게다가) - beside(~ 옆에, ~에 비해)

17 change A into B A를 B로 바꾸다

Can I **change** this bill **into** coins?
이 지폐를 동전으로 바꿀 수 있을까요?

18 find out 발견하다, 알아내다

A I wonder who wrote this novel.
난 누가 이 소설을 썼는지 궁금해.

B Let's **find out** together.
함께 알아보자.

19 consist of ～로 구성되다

The group **consists of** ten members.
그 단체는 10명의 회원으로 구성되어 있어.

20 do one's best 최선을 다하다 (= try one's best)

I'm **doing my best** to finish the project.
나는 그 프로젝트를 끝내기 위해 최선을 다하고 있다.

I **found out** it **consisted of** 3 parts.
그게 세 파트로 되어 있다는 걸 알아냈어.

정말?

Now I'll **do my best** to solve it.
이제 최선을 다해 그것을 풀 거야.

뭐야~?

A 단어 영어는 우리말로, 우리말은 영어로 쓰기

01 wealth _____

02 department _____

03 worth _____

04 cash _____

05 bill _____

06 professional _____

07 career _____

08 clock _____

09 기념하다 _____

10 비교하다 _____

11 가격; 물가 _____

12 변하다; 변화 _____

13 생산하다 _____

14 거래, 무역 _____

15 차고 _____

16 ~ 외에; 게다가 _____

B 단어 관계에 주의하여 단어 쓰기

17	health : _____	= 명사:형용사	_____ : _____
	건강 건강한		부 부유한
18	worth : _____	= -less	price : _____
	가치 가치 없는		값, 가격 값을 매길 수 없는
19	_____	→ 형용사로	_____
	직업		전문적인

C 숙어 숙어 이용하여 문장 완성하기

20 I have to _____ won _____ euro.

나는 원화를 유로화로 바꿔야 한다.

21 I _____ _____ the bank does the job.

나는 은행이 그 일을 한다는 것을 알아냈다.

22 The bank _____ _____ four departments.

그 은행은 네 부서로 이루어져 있다.

01 hurt
[həːrt]
– hurt – hurt

동사 다치게 하다, 아프게 하다, 아프다

I **hurt** my head playing baseball.
나는 야구를 하다가 머리를 다쳤다.

My head **hurts**.
머리가 아프다.

---

02 medicine
[médisin]

médicine

명사 의학, 의료; 약, 약물

This **medicine** works well on fevers.
이 약은 열에 잘 듣는다.

---

03 examine
[iɡzǽmin]

examine

동사 조사하다, 검사하다; 진찰하다

examination **명사** 조사, 검토; 검사

Let me **examine** your teeth.
치아 검사를 할게요.

examination은 보통 exam이라고 줄여 써.

---

04 method
[méθəd]

method

명사 방법, 체계성

I found a new **method**!
내가 새로운 방법을 찾아냈어!

05 **part**
[pɑːrt]

명사 부분, 일부; 부품; 약간
동사 헤어지다; 갈라지다, 가르다

Mom cut the melon into 4 **parts**.
엄마는 멜론을 네 조각으로 잘랐다.

We **parted** at the subway station.
우리는 지하철역에서 헤어졌다.

06 **whole**
[houl]

형용사 전체의, 모든, 온전한
명사 전체, 완전체

Don't eat the **whole** cake yourself.
혼자 케이크를 다 먹지 마.

07 **blind**
[blaind]

형용사 눈이 먼, 맹인인

My grandma is **blind** as a bat.
우리 할머니는 앞이 거의 안 보인다.

'눈이 어두운 동물' 하면 대표적으로 떠오르는 동물이 바로 박쥐야. 그래서 위 예문처럼 blind 뒤에 as a bat(박쥐처럼)을 붙여 그 뜻을 강조하기도 해. 아, 그리고 빛을 가리기 위해 창문에 치는 '블라인드'도 바로 이 단어야.

08 **deaf**
[def]

형용사 귀가 먹은, 청각 장애가 있는

My father is **deaf** in one ear.
우리 아빠는 한 쪽 귀가 안 들린다.

09 consider
[kənsídər]

동사 고려하다, 심사 숙고하다; ～로 여기다

consideration **명사** 고려 사항, 심사 숙고

I'm **considering** buying a teddy bear.
나는 곰 인형을 살까 생각 중이다.

10 beg
[beg]

동사 간청하다, 애원하다; 구걸하다

beggar **명사** 거지

I **beg** your pardon?
다시 말씀해 주시겠어요?

"Give me one more chance," she **begged**.
"기회를 한 번 더 주세요." 하고 그녀가 애원했다.

11 nervous
[nə́ːrvəs]

형용사 불안한, 초조한, 긴장한

I was **nervous** on the diving board.
다이빙대에 있으니 초조했다.

nervous는 nerve(신경)의 형용사형이야. 초조하거나
불안하다는 것은 신경이 많이 쓰이거나 신경이 곤두서는
증상이지.

12 upset
[ʌpsét]
– upset – upset

동사 속상하게 하다, 잘못되게 하다
형용사 속상한, 마음이 상한

Don't **upset** yourself about it.
그것 때문에 속상해 하지 마.

I was **upset** when they ignored me.
그 애들이 나를 무시해서 속상했어.

13 **emotion**
[imóuʃən]

명사 감정, 정서

emotional **형용사** 정서적인, 감정적인, 감정을 자극하는

Music is a tool to express **emotion**.
음악은 감정을 표현하는 도구이다.

> 기분을 표현할 때 쓰는 아이콘을 emoticon(이모티콘) 이라고 해.
> emotion(감정)과 icon(아이콘)을 합쳐서 만든 말이야.

---

14 **bury**
[béri]
– buried – buried

동사 묻다, 매장하다, 숨기다

The dog **buried** the bone in the yard.
그 개는 뼈다귀를 정원에 묻었다.

> bury의 bu는 독특하게도 [be 베]라고 발음해.
> busy, business의 bu는 [bi 비]라고 발음하는 것 기억하지?

---

15 **succeed**
[səksíːd]

동사 성공하다, 출세하다

success **명사** 성공, 성과, 성공한 사람

I'm sure you'll **succeed**.
너는 반드시 성공할 거야.

What is the secret of your **success**?
당신의 성공 비결은 무엇인가요?

---

16 **fail**
[feil]

동사 실패하다, ～하지 못하다

failure **명사** 실패, 실패자, 실패작

Don't be afraid to **fail**.
실패하는 걸 두려워하지 마.

succeed ↔ fail

17 **suffer from**

~로 고통 받다, (병을) 앓다

I **suffered from** a cold last weekend.
난 지난 주말에 감기로 고생했다.

18 **get over**

극복하다, 회복하다

It took me a month to **get over** my cold.
감기에서 회복하는 데 한 달이 걸렸다.

19 **for example**

예를 들면

For example, we have green tea, herbal tea, and lemon tea.
예를 들면, 녹차, 허브 차, 레몬 차가 있습니다.

20 **in fact**

사실상, 실제로

In fact, he is very rich.
사실 그는 정말 부자야.

In fact, Han can't join us. He is **suffering from** a bad cold. 사실 한이는 합류 못해. 독감으로 고생 중이거든.

I hope he **gets over** it soon. 얼른 나았으면 좋겠다.

A 단어 영어는 우리말로, 우리말은 영어로 쓰기

01 hurt _____

02 examine _____

03 part _____

04 blind _____

05 consider _____

06 nervous _____

07 emotion _____

08 succeed _____

09 의학; 약 _____

10 방법 _____

11 전체의; 전체 _____

12 귀가 먹은 _____

13 간청하다 _____

14 속상하다; 속상한 _____

15 묻다, 매장하다 _____

16 실패하다 _____

B 단어 관계에 주의하여 단어 쓰기

17 _____ 전체	↔ 반의어	_____ 부분
18 _____ 성공하다	↔ 반의어	_____ 실패하다
19 _____ 성공	↔ 반의어	_____ 실패

C 숙어 숙어 이용하여 문장 완성하기

20 Did you _____ _____ the cold?

감기 다 나았니?

21 No. I'm still _____ _____ the cold.

아니. 아직도 감기로 고생 중이야.

22 _____ _____, I caught a cold, too.

실은 나도 감기에 걸렸어.

01 **respect**
[rispékt]

명사 존경, 경의
동사 존경하다, 경의를 표하다
I **respect** you very much.
당신을 매우 존경합니다.

02 **elder**
[éldər]

형용사 (가족 중) 나이가 더 많은 명사 손윗사람
elderly 형용사 연세가 드신 명사 연세 드신 분들, 이르신들
I'm taller than my **elder** brother.
나는 형보다 더 크다.

> 나이가 더 많다고 할 때는 보통 older를 쓰지만, 가족 구성원 간에
> 나이가 많은 사람을 지칭할 때는 elder를 써.

03 **relative**
[rélətiv]

명사 친척
형용사 상대적인, 비교적인; ~와 관련된
A close **relative** lives in Namwon.
가까운 친척 한 분이 남원에 사셔.

04 **ancestor**
[ǽnsestər]

명사 조상, 선조
Our **ancestors** used animal bones as weapons.
우리 조상들은 동물 뼈를 무기로 사용했다.

05 common
[kámən]

형용사 흔한; 공통의, 공동의

It's a **common** mistake.
그것은 흔히 하는 실수야.

We have one thing in **common**.
우리에게는 한 가지 공통점이 있다.

---

06 strange
[streindʒ]

형용사 이상한; 낯선

stranger 명사 낯선 사람, 처음 온 사람

I saw a **strange** man at the park.
나는 공원에서 이상한 남자를 보았다.

---

07 certain
[sə́ːrtən]

형용사 확실한, 틀림없는, 확신하는

certainly 부사 확실히, 틀림없이

I feel **certain** of his winning.
그가 이길 거라는 확신이 들어.

---

08 danger
[déindʒər]

명사 위험, 위험한 사람, 위협

dangerous 형용사 위험한

He is in **danger** of falling.
그는 추락할 위험에 처해 있다.

09

deliver
[dilívər]

동사 배달하다, 데리고 가다

delivery 명사 배달

She **delivers** mail to people.
그녀는 사람들에게 편지를 배달해.

10

finish
[fíniʃ]

동사 끝내다, 마치다, 마무리하다

It took three weeks to **finish** it.
그것을 마무리하는 데 3주 걸렸다.

The play **finished** at 9.
그 연극은 9시에 끝났다.

11

invite
[inváit]

동사 초대하다, 초청하다

invitation 명사 초대, 초청

I **invited** his family to the party.
나는 그 파티에 그의 가족을 초대했다.

12

taste
[teist]

명사 맛, 미각, 입맛 동사 ～한 맛이 나다, 맛이 ～하다

tasty 형용사 맛있는

Um, this apple **tastes** sweet and sour.
음, 이 사과는 맛이 새콤달콤하군요.

> taste는 look, smell 등과 같이 감각을 표현하는 동사야.
> 이런 동사 뒤에는 부사가 아닌 형용사를 쓴다는 것에 주의해.

13 enough
[inʌf]

형용사 충분한, 필요한 만큼의

부사 ~할 만큼 충분히, ~에 필요한 정도로

I saved **enough** money to buy those shoes.
저 신발을 살 만큼 충분한 돈을 모았어.

That's **enough**.
(충분하니) 이제 그만해. / 그쯤 해 둬.

[enough[이너프]의 gh는 laugh의 gh처럼 [f] 소리로 발음해.]

---

14 empty
[émpti]

형용사 비어 있는, 빈, 공허한

동사 비우다

Is the glass half **empty** or half full?
잔이 반 빈 거야, 반 찬 거야?

empty ↔ full

---

15 polite
[pəláit]

형용사 예의바른, 정중한, 공손한

politely 부사 예의바르게, 정중히

Kevin is **polite** as well as handsome.
케빈은 잘생겼을 뿐만 아니라 공손해.

---

16 rude
[ru:d]

rude (이미지)

형용사 무례한, 예의 없는, 버릇없는

rudely 부사 무례하게, 예의 없이

I was **rude** to my mom.
나는 엄마한테 무례했어.

polite ↔ rude

17 run away

도망치다

On seeing me, she **ran away**.
나를 보자마자 그녀는 도망쳤다.

18 set up

~을 세우다, 설치하다; 시작하다

Should we **set up** our tent here?
여기에 텐트를 <u>쳐야</u> 하나요?

My uncle **set up** a pet shop last month.
삼촌이 지난 달에 애완동물 용품점을 <u>개업했다</u>.

19 at the same time

동시에

A The movie was really funny, wasn't it?
그 영화 정말 재미있었어, 그렇지 않니?

B But **at the same time**, it was also a little sad.
하지만 동시에 좀 슬프기도 했어.

20 in trouble

곤경에 처한

I'm **in trouble** with her.
그녀와 문제가 생겼어.

I'm **in trouble**.
나 곤경에 처했어.

Someone broke my tent and **ran away**. I have to **set** it **up** again. Help! 누가 내 텐트를 부수고 도망갔어. 다시 쳐야 하니 도와줘!

A 단어 영어는 우리말로, 우리말은 영어로 쓰기

01 respect _____

02 relative _____

03 common _____

04 certain _____

05 deliver _____

06 invite _____

07 enough _____

08 polite _____

09 나이가 더 많은 _____

10 조상, 선조 _____

11 이상한; 낯선 _____

12 위험, 위협 _____

13 끝내다 _____

14 맛, 미각 _____

15 비어 있는 _____

16 무례한 _____

B 단어 관계에 주의하여 단어 쓰기

17	full : _____	반의어	polite : _____
	가득 찬 텅빈		예의바른 무례한
18	_____	→	_____
	맛	형용사로	맛있는
19	_____	→	_____
	배달하다	명사로	배달

C 숙어 숙어 이용하여 문장 완성하기

20 Can you help me to _____ _____ my tent?

텐트 치는 것 좀 도와줄래?

21 Sorry. I have to help AJ now. He's _____ _____.

미안해. 난 지금 AJ를 도와야 해. 그 애가 곤경에 처해 있거든.

22 I can't manage several things _____ _____

_____ _____. 나는 동시에 여러 일을 해낼 수가 없어.

01 travel
[trǽvəl]

동사 여행하다, 이동하다 명사 여행

traveler 명사 여행자, 나그네

I like to **travel** alone.
나는 혼자 여행하는 것을 좋아한다.

02 journey
[dʒə́:rni]

명사 (특히 멀리 가는) 여행, 이동

I was tired from the long **journey**.
나는 장거리 여행으로 피곤했다.

trip은 관광이나 특정한 목적을 갖고 하는 짧은 여행을 말할 때, journey는 좀 더 멀리 가는 여행을 말할 때 써.

03 global
[glóubəl]

형용사 세계적인, 지구의

The world has become a **global** village.
세계는 지구촌이 되고 있다.

Global warming is a big problem.
지구 온난화는 큰 문제이다.

04 abroad
[əbrɔ́:d]

부사 해외에, 해외로

I want to travel **abroad**.
해외여행 하고 싶다.

05 **leave**
[li:v]
– left – left

동사 떠나다, 출발하다; 그대로 두다

If you **leave** right now, you won't be late.
지금 출발하면 늦지 않을 거야.

Leave me alone.
나 좀 혼자 내버려 둬.

---

06 **arrive**
[əráiv]

동사 도착하다, 배달되다

arrival 명사 도착, 도착한 사람

What time did you **arrive** at home?
집에 몇 시에 도착했어?

---

07 **base**
[beis]

명사 맨 아래 부분; 기초; 근거지; (야구 등의) 베이스

baseball 명사 야구, 야구공

The vase was on a metal **base**.
꽃병은 금속 받침대 위에 있었다.

> 건물의 지하층을 B1, B2와 같이 표기하는 것 봤지? 이때의 B는
> '지하층'이라는 뜻의 basement의 약자야.

---

08 **basket**
[bǽskit]

명사 바구니

basketball 명사 농구, 농구공

He is walking with a **basket** full of food.
그는 음식이 가득한 바구니를 들고 걷고 있다.

09 allow
[əláu]

동사 허락하다, 용납하다

Allow me to sleep at Paul's house.
폴의 집에서 자게 허락해 주세요.

10 correct
[kərékt]

형용사 맞는, 정확한, 적절한, 옳은

correctly **부사** 바르게

I'm not sure that's **correct**.
그것이 정확한지 확신치 않다.

correct ↔ wrong

글자를 지울 때 사용하는 수정 테이프를 correction tape라고
해. '바르게 다시 쓰기 위해 사용하는 물건'이라는 뜻을 담고 있어.

11 upstairs
[ʌpstéərz]

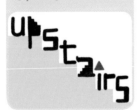

부사 위층[2층]으로, 위층[2층]에서 **명사** 위층

downstairs **부사** 아래층으로

Carry the books **upstairs**.
책을 위층으로 옮겨 주세요.

upstairs ↔ downstairs

up(위로) + stairs(계단) = upstairs(위층으로)

down(아래로) + stairs(계단) = downstairs(아래층으로)

12 condition
[kəndíʃən]

명사 상태, 건강 상태; 조건

That car is not in good **condition**.
저 차는 상태가 좋지 않다.

I would lie on no **condition**.
나는 어떤 조건에서도 거짓말을 하지 않을 것이다.

13 draw
[drɔː]
– drew – drawn

동사 그리다; 끌어당기다, 이동하다
drawer 명사 서랍
The train is **drawing** into the station.
기차가 역으로 들어오고 있다.
He **drew** his pet.
그는 자신의 애완동물을 그렸다.

---

14 follow
[fálou]

동사 따라가다, 뒤따르다, 뒤를 잇다
following 형용사 그 다음의, 다음에 나오는
Follow me. I'll show you the way.
따라와. 내가 길을 알려줄게.

> 관심 있는 사람의 SNS를 따라 다니는 사람을 팔로어(follower)
> 라고 해.

---

15 general
[dʒénərəl]

general

형용사 일반적인, 보통의, 보편적인   명사 장군
generally 부사 일반적으로, 대개, 보통
In **general**, children are fond of ice cream.
일반적으로 아이들은 아이스크림을 좋아한다.

---

16 especially
[ispéʃəli]

especially

부사 특별히, 특히, 유난히
especial 형용사 특별한
It's **especially** cold this evening.
오늘 저녁은 특히 춥다.

17 tend to

~하는 경향이 있다

I **tend to** forget things easily.

나는 쉽게 잊는 경향이 있다.

18 belong to

~에 속하다

The umbrella **belongs to** Suji.

그 우산은 수지 것이다.

19 happen to

우연히 발생하다

I **happened to** meet Elsa on the street.

나는 길에서 우연히 엘사를 만났다.

20 look forward to

~을 고대하다

I **look forward to** meeting you again.

당신을 다시 만나기를 기대합니다.

to 뒤에 동사원형이 아닌 동명사(-ing)가 오는 것에 주의!

A 단어 영어는 우리말로, 우리말은 영어로 쓰기

01 travel _____

02 global _____

03 leave _____

04 base _____

05 allow _____

06 upstairs _____

07 draw _____

08 general _____

09 (멀리 가는) 여행 _____

10 해외에 _____

11 도착하다 _____

12 바구니 _____

13 맞는, 정확한 _____

14 상태; 조건 _____

15 뒤따르다 _____

16 특별히 _____

B 단어 관계에 주의하여 단어 쓰기

17		
_____ 위층으로	←→ 반의어	_____ 아래층으로
18		
_____ 출발하다	←→ 반의어	_____ 도착하다
19		
_____ 옳은	←→ 반의어	_____ 그른, 잘못된

C 숙어 숙어 이용하여 문장 완성하기

20 I _____ _____ meet Paul on my way home.
집에 오는 길에 우연히 폴을 만났어.

21 He _____ _____ the Boy Scouts.
그는 보이 스카우트에 속해 있어.

22 I _____ _____ _____ seeing him again.
그를 다시 보기를 고대한다.

· If you laugh, blessings will come your way. 웃으면 복이 온다.

· Promise little, do much. 약속은 적게. 실행은 많이.

· A good heart breaks bad fortune. 착한 마음은 불운을 이겨낸다.

PART 2

중학 Master
Day 21 ~ Day 40

PART 2에서는 중학교
2~3학년 교과서와 학교
시험 문제에 잘 나오는 단
어와 숙어를 20개씩 묶어
서 공부합니다.

달(month) 이름에서 만나는 로마의 두 영웅

옛날엔 일년이 열두 달이 아니고 열 달이었어. 과연 어떤 달이 늘어난 걸까?

June (6월)
May (5월)
April (4월)
March (3월)
February (2월)
January (1월)

달 이름의 첫 글자는 항상 대문자로!

바로 7월이 추가된 달이야.
로마의 영웅인 줄리어스 시저(Julius Caesar) 장군의
업적을 기리기 위해 그의 이름을 따서 만들었어.
Julius와 July가 닮긴 닮았지?

July (7월)

Basic Words 이야기에 사용된 왕기초 어휘 쓰기

· _____ 1월	· _____ 2월	· _____ 3월
· _____ 4월	· _____ 5월	· _____ 6월

8월도 나중에 추가된 달이야.
시저가 죽은 뒤 로마의 초대 황제가 된
아우구스투스(Augustus) 황제가 7월 뒤에
자신의 이름을 넣어 August(8월)를 만들었어.
그래서 원래의 7월~10월은
두 달씩 뒤로 밀렸어.

August (8월)

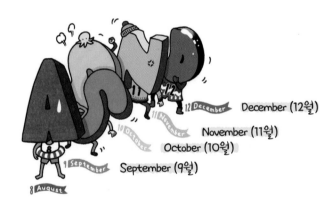

December (12월)
November (11월)
October (10월)
September (9월)

여기서 잠깐~.
'문어'가 영어로 octopus라는거 알아?
octo는 '8'을 뜻하고 pus는 '다리'를 뜻해.
문어 다리가 여덟 개라서 이런 이름을 갖게 된 거야.
October도 8월이었는데 두 영웅 때문에 뒤로 밀려
octo 본래의 뜻과 다르게 10월로 쓰이고 있는 거야.
문어 다리가 8개라는 건 절대 안 잊겠군. ㅋ

• _____ 7월	• _____ 8월	• _____ 9월
• _____ 10월	• _____ 11월	• _____ 12월

01 **address**

[ədrés] **명사** 주소

Write the **address** on the envelope.
봉투에 주소를 쓰세요.

02 **locate**

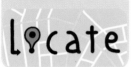

[lóukeit] **동사** 위치를 찾아내다; ~에 두다

location **명사** 장소, 위치

Help me **locate** the address on this card.
이 카드에 있는 주소지를 찾는 것 좀 도와주세요.

03 **begin**

[bigín] **동사** 시작하다, 시작되다 (– began – begun)

beginning **명사** 시작, 출발

When does the festival **begin**?
축제는 언제 시작하나요?

04 **bet**

[bet] **동사** 내기하다; 단언하다 (– bet – bet)

I **bet** you'll win this race. 이번 경주는 네가 꼭 이길 거야.

혼동어: bet(내기하다) – bat(박쥐, 방망이)

05 **bring**

[briŋ] **동사** 가져오다, 데려오다 (– brought – brought)

Can I **bring** a friend home?
친구를 집에 데려와도 될까요?

06 **pay**

[pei] **동사** 지불하다, 내다 (– paid – paid)

payment **명사** 지불, 지급, 납입

Let me **pay** for this meal.
이번 밥값은 내가 낼게.

07 admire

[ædmáiər] 동사 존경하다, 칭찬하다

I **admire** your courage.
당신의 용기를 존경합니다.

08 volunteer

[vὰləntíər] 명사 자원봉사자

동사 자원하다, 자원해서 봉사하다

I do **volunteer** work at an animal shelter.
나는 동물 보호소에서 자원봉사를 한다.

09 social

[sóuʃəl] 형용사 사회의, 사회적인

society 명사 사회

Violence is a **social** problem. 폭력은 사회 문제이다.

[SNS: Social Network Service(소셜 네트워크 서비스)의 약자]

10 crazy

[kréizi] 형용사 정상이 아닌, 몹시 화난; 무척 좋아하는

What a **crazy** idea! 무슨 말도 안 되는 생각이야!
Molly is **crazy** about juggling.
몰리는 저글링을 몹시 좋아한다.

11 dull

[dʌl] 형용사 따분한, 재미없는; 둔한

This movie is very **dull**.
이 영화는 몹시 지루하다.

12 chance

[tʃæns] 명사 기회; 가능성

Give me one more **chance**.
기회를 한 번 더 주세요.

13 damage

[dǽmidʒ] 명사 손상, 피해　동사 손상을 주다

The storm caused a lot of **damage**.

그 폭풍은 큰 피해를 입혔다.

14 decide

[disáid] 동사 결정하다, **결심하다**

decision 명사 결심

He **decided** to quit the lessons.

그는 강습을 그만두기로 결심했다.

15 doubt

[daut] 명사 의심, **의혹**　동사 의심하다

There is no room for **doubt**. 의심의 여지가 없다.

[doubt의 b는 묵음이라 [다우트]라고 발음해.]

16 educate

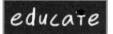

[édʒukèit] 동사 교육하다, **가르치다**

education 명사 교육

He **educates** us about road safety.

그는 우리에게 도로 안전에 대해 가르친다.

Day 21　PRACTICE

A 단어 영어는 우리말로, 우리말은 영어로 쓰기

01 address _____

02 begin _____

03 bring _____

04 admire _____

05 social _____

06 dull _____

07 damage _____

08 doubt _____

09 위치를 찾아내다 _____

10 내기하다 _____

11 지불하다 _____

12 자원봉사자 _____

13 정상이 아닌 _____

14 기회 _____

15 결정하다 _____

16 교육하다 _____

17 keep in touch

연락하다, 연락을 유지하다

Let's **keep in touch** after our winter class ends.

겨울 학기가 끝난 뒤에도 연락하고 지내자.

18 be located in

~에 위치하다, ~에 놓여 있다

The school **is located in** my neighborhood.

그 학교는 우리 동네에 있다.

19 at last

마침내, 드디어

At last I solved the problem.

마침내 나는 그 문제를 풀었다.

20 right away

지금 당장 (= right now), 즉시

I'll pay you back **right away**.

바로 갚을게.

Answers p. 269

B 숙어 숙어 이용하여 문장 완성하기

17 My new house is _____ _____

Paris.

우리 새 집은 파리에 있어.

18 Really? I want to visit you _____

_____.

정말? 당장 가 보고 싶다.

19 Haha. Let's _____

_____ _____.

하하. 연락하고 지내자.

01 balance

[bǽləns] **명사** 균형

Life is like riding a bicycle. To keep your **balance**, you must keep moving. 인생은 자전거 타기와 같다. 균형을 잡으려면 계속 움직여야 한다. (앨버트 아인슈타인)

02 appear

[əpíər] **동사** 나타나다; ~처럼 보이다

appearance 명사 외모, 모습

A bunny **appeared** from the hat.
모자에서 토끼가 나타났다.

03 express

[iksprés] **동사** 표현하다, 나타내다

expression 명사 표현, 표정

It's hard to **express** my feelings.
나는 감정을 표현하기가 어렵다.

04 broadcast

[brɔ́ːdkæ̀st] **동사** 방송하다, 알리다 (- broadcast - broadcast)

The news will be **broadcast** tonight.
그 뉴스는 오늘밤 방송될 것이다.

05 brain

[brein] **명사** 두뇌, 머리; 지능; 지능이 좋은 사람

When you laugh, your **brain** works better.
웃으면 두뇌 활동이 활발해진다.

> birdbrain은 우리말 그대로 '새대가리, 멍청이'라는 뜻이야. ㅋㅋ

06 breathe

[briːð] **동사** 숨을 쉬다, 호흡하다

breath[breθ] **명사** 호흡, 숨

She **breathed** deeply before singing.
그녀는 노래하기 전에 심호흡을 했다.

> 발음 주의: breathe[브리드] - breath[브레쓰]

07 alive

[əláiv] **형용사** 살아 있는 (↔ dead 죽은)

I don't know if he is **alive** or dead.
나는 그가 살았는지 죽었는지 모르겠다.

08 enter

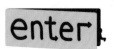

[éntər] **동사** 들어가다, 들어오다

entrance **명사** 입구 (철자에 주의)

A wolf is **entering** my house.
늑대가 우리 집에 들어오고 있어요.

09 spend

[spend] **동사** 소비하다; (시간을) 보내다 (– spent – spent)
명사 비용, 경비

How much do you **spend** a day?
너는 하루에 얼마를 쓰니?

10 cure

[kjuər] **동사** 낫게 하다, 고치다

The disease is hard to **cure**.
그 병은 고치기 어렵다.

11 forget

[fərgét] **동사** 잊다, 잊어버리다 (– forgot – forgotten)

I **forgot** to bring my laptop computer.
노트북 컴퓨터를 가져오는 것을 깜빡 잊었다.

12 remind

[rimáind] **동사** 생각나게 하다, 상기시키다, 다시 알려주다

That **reminds** me of a funny story.
그 말을 들으니 재미있는 이야기가 생각난다.

13 discuss

[diskʌ́s] **동사** 의논하다, 상의하다

discussion **명사** 의논

I **discussed** the event with Tim.

나는 그 일을 팀과 의논했다.

14 equal

equal

[íːkwəl] **형용사** 동등한, 동일한, 평등한 **동사** 같다

Time **equals** money.

시간은 돈이다.

15 fair

fair

[fɛər] **형용사** 공정한, 공평한; 타당한

fairly **부사** 상당히, 꽤; 공정하게, 정직하게

It's not right and not **fair**.

그것은 옳지도 않고, 공평하지도 않다.

16 rough

rough

[rʌf] **형용사** 거친, 매끈하지 않은 (↔ smooth 부드러운)

The stone looks **rough**.

그 돌은 거칠어 보인다.

[rough(러프)의 gh는 [f]로 발음해.]

Day 22 PRACTICE

A **단어** 영어는 우리말로, 우리말은 영어로 쓰기

01 balance	_____	09 나타나다	_____
02 express	_____	10 방송하다	_____
03 brain	_____	11 숨을 쉬다	_____
04 alive	_____	12 들어가다	_____
05 spend	_____	13 낮게 하다	_____
06 forget	_____	14 생각나게 하다	_____
07 discuss	_____	15 동등한; 같다	_____
08 fair	_____	16 거친	_____

17 out of order

고장 난, 정리가 안 된

The television is **out of order**.

텔레비전이 고장 났습니다.

18 out of sight

보이지 않는 곳에, 먼 곳에

Out of sight, out of mind.

눈에 보이지 않으면 곧 잊혀진다. (눈에서 멀어지면 마음도 멀어진다.)

19 out of breath

숨이 가쁜

He was **out of breath** after 30 seconds.

30초가 지나자 그는 숨이 찼다.

20 out of fashion

유행에 뒤떨어진, 구식의

That blouse is **out of fashion**.

저 블라우스는 유행이 지났다.

Answers p. 269

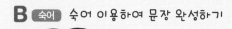

B 숙어 숙어 이용하여 문장 완성하기

17 My hairdryer is
_____
_____.

드라이어가 고장 났어.

18 So my hairstyle is
_____
_____. 그래서 헤어
스타일이 유행에 뒤쳐졌어.

19 Stay here until I'm
_____
_____. 내가 안 보일
때까지 여기 있어.

Day 23

01 culture

[kʌ́ltʃər] **명사** 문화

cultural **형용사** 문화의, 문화적인

I'm interested in Indian **culture**.
나는 인도 문화에 관심이 있다.

02 custom

[kʌ́stəm] **명사** 관습, 풍습; 습관

It's an old family **custom**.
그것은 집안의 오래된 풍습이다.

03 century

[séntʃəri] **명사** 100년, 세기

This picture was painted in the 18th **century**.
이 그림은 18세기에 그려졌다.

[21C(21세기)처럼 century는 C로 줄여서 기호처럼 써.]

04 tax

[tæks] **명사** 세금

동사 세금을 부과하다, 과세하다

We paid too much **tax** last month.
우리는 지난달에 세금을 너무 많이 냈다.

05 communicate

[kəmjúːnəkèit] **동사** 연락을 주고받다, 의사소통하다

communication **명사** 의사소통, 연락, 통신

It's not easy to **communicate** with Tim.
팀과는 의사소통이 잘 안 된다.

06 citizen

[sítizən] **명사** 시민, 주민

I'm a Greek **citizen**.
저는 그리스 시민입니다.

[Internet과 citizen을 합쳐 netizen(네티즌) 탄생!]

07 adventure

[ədvéntʃər] 명사 모험, 모험심

This trip should be a great **adventure**.
이번 여행은 굉장한 모험이 될 거야.

08 except

[iksépt] 전치사 ~을 제외하고는, ~ 외에는

We work every day **except** Sunday.
우리는 일요일 빼고는 매일 일한다.

09 accident

[æksidənt] 명사 사고, 재해; 우연

accidentally 부사 우연히, 뜻하지 않게

Gary was in a car **accident** last night.
게리는 지난밤 차 사고를 당했다.

10 traffic

[trǽfik] 명사 교통(량), (도로 상의) 차량들

There was a lot of **traffic**. (= There was a **traffic** jam.)
교통량이 많았다. (차가 많이 막혔다.)

11 tear

[tiər] 명사 눈물, 울음

A **tear** rolled down her face. 눈물 한 방울이 흘러내렸다.

[tear에는 '찢다, 구멍 내다'의 뜻도 있어. 발음이 다르니 주의~
tear[tiər 티어] 눈물 – tear[tɛər 테어] 찢다]

12 burn

[bəːrn] 동사 불타다, 햇볕에 그을다, 태우다

burning 형용사 불타는, 갈망하는; 매우 급한

I can smell something **burning**.
뭔가 타는 냄새가 난다.

13	**afraid** 	[əfréid] 형용사 두려워하는, 겁내는	

I'm **afraid** of ghosts.
나는 유령이 무서워.

14	**bright** 	[brait] 형용사 밝은, 빛나는, 눈부신; 똑똑한

brightly 부사 밝게, 눈부시게

Let's paint it a **bright** color. 그것을 밝은 색으로 칠하자.

15	**ceremony** 	[sérəmòuni] 명사 의식, 격식

Will you be at the opening **ceremony**?
개회식에 참석할 거니?

16	**bottom** 	[bátəm] 명사 바닥, 뒷면, 맨 아래 (↔ top 꼭대기)

I fell down at the **bottom** of the stairs.
나는 맨 아래 계단에서 넘어졌다.

Day 23 PRACTICE

A 단어 영어는 우리말로, 우리말은 영어로 쓰기

01 culture	_____	**09** 관습; 습관	_____
02 century	_____	**10** 세금	_____
03 communicate	_____	**11** 시민, 주민	_____
04 adventure	_____	**12** ~을 제외하고는	_____
05 accident	_____	**13** 교통량	_____
06 tear	_____	**14** 불타다	_____
07 afraid	_____	**15** 밝은, 빛나는	_____
08 ceremony	_____	**16** 바닥	_____

17 by accident 우연히

We met **by accident** at the theater.

우리는 극장에서 우연히 만났다.

18 be afraid of ~을 무서워하다, **두려워하다**

The man **is afraid of** the dog.

그 남자는 개를 무서워한다.

19 be ashamed of 부끄러워하다

I have nothing to **be ashamed of**.

나는 부끄러운 것이 하나도 없다. (떳떳하지 못한 것이 전혀 없다.)

20 calm down 진정하다

Calm down and listen to me.

진정하고 내 말 좀 들어 봐.

Answers p. 269

B 숙어 숙어 이용하여 문장 완성하기

17 I met Justin _____ _____ at the park.

공원에서 우연히 저스틴을 만났어.

18 _____ _____ and speak slowly.

진정하고 천천히 말해 봐.

19 He was _____ _____ my dog.

그는 내 강아지를 무서워했어.

Day 24

01 deal

[diːl] 동사 나누어 주다, 거래하다　명사 거래, 처리
dealer 명사 (상품을 사고파는) 중개인, 딜러
It was a very important **deal**.
그것은 매우 중요한 거래였다.

02 advertise

[ǽdvərtàiz] 동사 광고하다, 알리다
advertisement 명사 광고 (= ad)
I work for an **advertising** agency.
나는 광고 회사에 다니고 있다.

03 borrow

[bárou] 동사 빌리다, 꾸다 (↔ lend 빌려 주다)
Can I **borrow** your umbrella? 우산 좀 빌릴 수 있을까요?
(= Can you lend me your umbrella?)

04 charge

[tʃɑːrdʒ] 명사 요금; 고발　동사 청구하다; 충전하다
I have to **charge** my mobile phone.
휴대전화를 충전해야 한다.
charge(충전하다) - charger(충전기)

05 clerk

[kləːrk] 명사 점원, 직원
He asked the **clerk** at the front desk.
그는 안내 창구에 있는 직원에게 문의했다.

06 cause

[kɔːz] 명사 원인, 이유　동사 원인이 되다, ~을 초래하다
Overeating is the main **cause** of
stomachaches.
과식은 복통의 주요 원인이다.

07 recent

[ríːsənt] **형용사** 최근의

recently **부사** 최근에

I've grown 20 cm in **recent** years.

나는 최근 몇 년간 20cm가 컸다.

08 duty

[djúːti] **명사** 의무, 임무; 세금

It is our **duty** to vote.

투표는 우리의 의무이다.

09 treasure

[tréʒər] **명사** 보물, 매우 귀한 것, 귀한 사람

Children are the **treasure** of the country.

어린이는 나라의 보배예요.

[**treasure island**(트레저 아일랜드) 보물섬]

10 population

[pàpjəléiʃən] **명사** 인구, 주민

What is the **population** of Korea?

한국의 인구는 얼마나 되나요?

11 earn

[əːrn] **동사** 벌다, 받다

I **earn** money online at home.

나는 집에서 온라인으로 돈을 번다.

12 expect

[ikspékt] **동사** 기대하다, 예상하다

expectation **명사** 기대, 예상

I **expect** you to do your best.

최선을 다하기 바라. (건투를 빈다.)

13 **contain**

[kəntéin] 동사 ~이 들어 있다

container 명사 그릇, 용기, 컨테이너

Coffee and tea **contain** caffeine.
커피와 차에는 카페인이 있다.

14 **weigh**

[wei] 동사 무게가 ~이다

weight 명사 무게, 체중

How much do you **weigh**? 체중이 얼마예요?

15 **entire**

[intáiər] 형용사 전체의

entirely 부사 전적으로, 완전히, 전부

I slept for the **entire** day. 나는 하루 종일 잤다.

16 **final**

[fáinəl] 형용사 마지막의, 최종적인

finally 부사 마침내

I got a good grade on the **final** exam.
기말고사 성적이 좋다.

Day **24** PRACTICE

A 단어 영어는 우리말로, 우리말은 영어로 쓰기

01 deal	_____	**09** 광고하다	_____
02 borrow	_____	**10** 요금; 고발	_____
03 clerk	_____	**11** 원인, 이유	_____
04 recent	_____	**12** 의무; 세금	_____
05 treasure	_____	**13** 인구; 주민	_____
06 earn	_____	**14** 기대하다	_____
07 contain	_____	**15** 무게가 ~이다	_____
08 entire	_____	**16** 마지막의	_____

17 deal with

~을 다루다, **처리하다**

We are here to **deal with** the problem.

우리는 그 문제를 처리하려고 여기 모인 거야.

18 make money

돈을 벌다 (= earn money), **수익을 내다**

He had to work hard to **make money**.

그는 돈을 벌기 위해 열심히 일해야 했다.

19 gain weight

체중이 늘다 (↔ lose weight 살이 빠지다)

I'm **gaining weight**. 나는 살이 찌고 있다.

I want to **lose weight**. 살을 빼고 싶다.

20 after all

결국에는

You made it **after all**.

결국 네가 해냈구나.

Answers p. 269

B 숙어 숙어 이용하여 문장 완성하기

01 **create**

[kriéit] 동사 창조하다, 창작하다

creative 형용사 창조적인, 창의적인

People **create** things using their imagination.
사람들은 상상력을 발휘하여 사물을 창조한다.

02 **exist**

[igzíst] 동사 존재하다

I think life **exists** on other planets.
나는 다른 행성에 생명체가 존재한다고 생각한다.

03 **tour**

[tuər] 명사 여행, 관광, 순방

tourist 명사 관광객

I want to do a walking **tour**.
나는 도보 여행을 하고 싶다.

04 **treat**

[triːt] 동사 대하다; 처리하다; 치료하다

She **treats** me like a child. 그녀는 나를 아이 취급한다.

[Trick or treat.(과자를 안 주면 장난칠 거예요.): 할로윈 데이에
아이들이 이웃집 문 앞에서 이렇게 말하면 집주인이 사탕을 준대.]

05 **curious**

[kjú(:)əriəs] 형용사 궁금한, 호기심이 많은

curiosity 명사 호기심

We are **curious** what it is.
우리는 그것이 무엇인지 궁금하다.

06 **anxious**

[ǽŋkʃəs] 형용사 불안해하는; 간절히 바라는

We are often **anxious** about our future.
우리는 종종 우리의 미래에 대해 불안해한다.

07 **limit**

[límit] **명사** 한계, 한도, 제한

동사 한정하다, 제한하다

There's a **limit** to our abilities.

우리의 능력에는 한계가 있다.

08 **enemy**

[énəmi] **명사** 적; 장애물

Your **enemy** makes you wise.

적은 너를 현명하게 한다.

09 **attack**

[ətǽk] **명사** 공격, 폭행; 비난

동사 공격하다; 비난하다

Attack is the best defence.

공격이 최상의 방어이다. (서양 속담)

10 **pain**

[pein] **명사** 고통, 통증, 아픔

painful **형용사** 고통스러운, 아픈

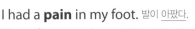

I had a **pain** in my foot. 발이 아팠다.

No **pain**, no gain. 고통 없이는 얻는 것도 없다.

11 **continue**

[kəntínju(:)] **동사** 계속되다, 계속하다

The snow **continued** to fall all night.

눈이 밤새 계속 내렸다.

> 유용한 표현: To be continued. (다음 회에 계속.)

12 **freeze**

[fri:z] **동사** 얼다, 얼리다 (– froze – frozen)

freezing **형용사** 영하의, 몹시 추운

Cover it with plastic wrap and **freeze** it.

그것을 비닐 랩으로 감싸서 얼려라.

13 refuse

[rifjúːz] 동사 거절하다, 거부하다

I couldn't **refuse** his offer.
나는 그의 제안을 거절할 수가 없었다.

14 huge

[hjuːdʒ] 형용사 거대한, 엄청난; 매우 성공한

I dreamed of a man with **huge** feet.
나는 거대한 발을 가진 남자가 나오는 꿈을 꾸었다.

15 angry

angry

[ǽŋgri] 형용사 화난, 성난

anger 명사 화, 분노

I was **angry** at the time.
나는 그때 화가 나 있었다.

16 unless

u_n_less

[ənlés] 접속사 ∼하지 않으면, ∼이 아니라면

Unless you believe, you will not understand.
믿지 않으면 이해하지 못할 것이다.

> unless는 if ... not(만약 ∼하지 않으면)으로 바꿔 쓸 수 있어.
> (Unless you believe = If you don't believe)

Day 25 PRACTICE

A 단어 영어는 우리말로, 우리말은 영어로 쓰기

01 create _____

02 tour _____

03 curious _____

04 limit _____

05 attack _____

06 continue _____

07 refuse _____

08 angry _____

09 존재하다 _____

10 대하다; 처리하다 _____

11 불안해하는 _____

12 적; 장애물 _____

13 고통, 통증 _____

14 얼다, 얼리다 _____

15 거대한 _____

16 ∼하지 않으면 _____

17 get rid of

～을 없애다, 제거하다, 처리하다

It costs a lot to **get rid of** waste.

쓰레기를 처리하는 데는 비용이 많이 든다.

18 be anxious about

～에 대해 근심하다

He **is anxious about** the interview.

그는 면접에 대해 걱정하고 있다.

19 as usual

늘 그렇듯이, 평상시처럼

He was busy all day long **as usual**.

늘 그렇듯이 그는 하루 종일 바빴다.

20 all the time

항상 (= always)

My brothers fight with each other **all the time**.

우리 오빠들은 항상 서로 싸운다.

Answers p. 269

B 숙어 숙어 이용하여 문장 완성하기

17 Please _____ _____ _____ the mosquitoes.
모기를 없애 줘.

18 I'm _____ _____ my baby.
우리 아기가 걱정돼.

19 Thanks. He slept well _____ _____. 고마워.
아이가 평상시처럼 잘 잤어.

01 behave

[bihéiv] **동사** 행동하다

behavior **명사** 행동, 품행

Teddy **behaved** like a gentleman.
테디는 신사답게 행동했다.

02 advantage

[ədvǽntidʒ] **명사** 장점, 유리한 점, 이점

Lucy had the **advantage** of being tall.
루시는 키가 크다는 장점이 있었다.

03 trust

[trʌst] **명사** 신뢰, 믿음

동사 믿다, 신뢰하다

Trust me. I'm a guide dog.
저를 믿으세요. 제가 안내견이잖아요.

04 excellent

excelllent

[éksələnt] **형용사** 훌륭한, 탁월한

It really is **excellent**! 그것은 정말 훌륭해!

05 comfort

[kʌ́mfərt] **명사** 편안함, 안락; 위로

comfortable **형용사** 편안한, 안락한

I can sleep in **comfort** with this pillow.
이 베개가 있으면 편안히 잘 수 있다.

06 honest

[ánist] **형용사** 정직한, 솔직한

honesty **명사** 정직, 솔직함

I think he is an **honest** man. 그는 정직한 사람 같아.

> honest의 h는 묵음이야. 그래서 첫 소리가 모음으로 시작하게
> 되어 a honest man이 아니고 <u>an</u> honest man으로 써야 해.

07 escape

[iskéip] **동사** 도망가다, **탈출하다**

The thief **escaped** over the wall.

도둑이 담을 넘어 도망갔다.

[키보드에 있는 Esc가 바로 escape의 약자야!]

---

08 solve

[sɑlv] **동사** 해결하다, 풀다

solution **명사** 해법, 해결책

I **solved** the problem with ease.

나는 그 문제를 쉽게 풀었다.

---

09 provide

[prəváid] **동사** 제공하다, 주다

We'll **provide** better service next time.

다음에는 더 나은 서비스를 제공해 드리겠습니다.

---

10 skill

[skil] **명사** 기술, 기량

My driving **skills** are still poor.

나는 운전 솜씨가 아직 서툴다.

---

11 imagine

[imǽdʒin] **동사** 상상하다, (마음 속으로) 그리다

imagination **명사** 상상력, 상상, 가상

Imagine that you are on a cloud.

네가 구름 위에 있다고 상상해 봐.

---

12 lift

[lift] **동사** 들어 올리다; 올라가다 **명사** 들어올림; 승강기

She **lifted** the heavy box.

그녀는 그 무거운 상자를 들어올렸다.

[elevator(엘리베이터)를 영국에서는 lift(리프트)라고 해.]

13 degree

[digríː] **명사** (각도, 온도의 단위) 도; 정도; 학위

Water freezes at 0 **degrees** Celsius.
물은 섭씨 0도에서 언다.

14 peace

[piːs] **명사** 평화, 평온

peaceful **형용사** 평화로운, 평온한

They live together in **peace**.
그들은 평화롭게 함께 살고 있다.

15 lonely

[lóunli] **형용사** 외로운, 쓸쓸한

If you have no friends, you'll be **lonely**.
친구가 없으면 외로울 거야.

16 matter

[mǽtər] **명사** 문제, 일; 물질　**동사** 문제가 되다; 중요하다

What's the **matter**? 문제가 뭐야? (무슨 일이야?)
It doesn't **matter** to me. 그것은 내게는 중요하지 않다.

Day **26** PRACTICE

A 단어 영어는 우리말로, 우리말은 영어로 쓰기

01 behave ＿＿＿＿＿＿＿

02 trust ＿＿＿＿＿＿＿

03 comfort ＿＿＿＿＿＿＿

04 escape ＿＿＿＿＿＿＿

05 provide ＿＿＿＿＿＿＿

06 imagine ＿＿＿＿＿＿＿

07 degree ＿＿＿＿＿＿＿

08 lonely ＿＿＿＿＿＿＿

09 장점 ＿＿＿＿＿＿＿

10 훌륭한 ＿＿＿＿＿＿＿

11 정직한 ＿＿＿＿＿＿＿

12 해결하다 ＿＿＿＿＿＿＿

13 기술 ＿＿＿＿＿＿＿

14 들어 올리다 ＿＿＿＿＿＿＿

15 평화 ＿＿＿＿＿＿＿

16 문제, 일; 물질 ＿＿＿＿＿＿＿

17 to be honest

솔직히 말하면

To be honest, it was not very scary.

솔직히 말하면 그건 별로 안 무서웠다.

18 get together

모이다, 합치다, 만나다, 모으다

They all **get together** every Monday.

그들은 월요일마다 모두 모인다.

19 turn on

(전등, 기계 등을) 켜다 (↔ turn off 끄다)

Jim **turned off** the radio, and **I turned on** the

TV. 짐이 라디오를 껐고 내가 TV를 켰다.

20 provide A with B

A에게 B를 제공하다

He **provided** them **with** food.

그는 그들에게 음식을 제공했다.

Answers p. 270

B 숙어 숙어 이용하여 문장 완성하기

17 Let's _____ _____ tonight.
오늘 밤 모이자.

18 _____ me _____ some information about the party. 내게 그 파티에 대한 정보 좀 줘.

19 OK. _____ _____ the radio.
알았어. 라디오 좀 꺼 봐.

01 argue

[ɑ́ːrgjuː] 동사 언쟁하다, 다투다; 주장하다

argument 명사 논쟁, 언쟁, 말다툼

I always **argue** with my brother.
나는 동생이랑 늘 말다툼을 한다.

---

02 explain

[ikspléin] 동사 설명하다

He **explained** the rules of the game.
그는 경기의 규칙을 설명해 주었다.

---

03 trick

[trik] 명사 속임수; 요령; 마술 동사 속이다

Don't play a mean **trick** on me. 비열한 속임수 쓰지 마.

> Hat trick(해트 트릭): 한 선수가 한 경기에서 세 번의 성과를
> 내는 것. 이런 선수에게 모자(hat)를 주던 풍습에서 유래되었어.

---

04 silent

[sáilənt] 형용사 조용한, 침묵하는, 말수가 적은

silence 명사 침묵, 고요, 정적

Jerry asked the class to be **silent**.
제리는 반 학생들에게 조용히 하라고 했다.

---

05 force

[fɔːrs] 명사 힘, 영향력; 폭력; 군대

동사 강요하다, 억지로 ~하다

We must not use **force** in any situation.
우리는 어떤 상황에서도 폭력을 사용해서는 안 된다.

---

06 agree

[əgríː] 동사 동의하다, 의견이 일치하다

agreement 명사 동의, 합의, 협정

I **agree** with you.
당신 말에 동의합니다.

07 **accept**

[æksépt] 동사 받아들이다, 수락하다

I **accepted** his offer.
나는 그의 제안을 받아들였다.

08 **complain**

[kəmpléin] 동사 불평하다, 불만을 말하다

complaint 명사 불평, 고소

Complain to one who can help you.
너를 도울 수 있는 이에게 불평하라. (유고슬라비아 속담)

09 **share**

[ʃɛər] 동사 공유하다; 나누어 갖다, 분배하다

명사 몫, 지분

The two friends **shared** everything.
그 두 친구는 무엇이든지 함께 나누었다.

10 **poem**

[póuəm] 명사 시

poet 명사 시인

I learned that **poem** by heart.
나는 그 시를 외웠다.

11 **include**

[inklúːd] 동사 포함하다, 포함시키다

Does the price **include** the delivery charge?
그 가격에 운송비가 포함되어 있나요?

12 **harm**

[haːrm] 명사 피해, 손해   동사 해를 끼치다, 손상시키다

harmful 형용사 해로운

This dog does no **harm** to people.
이 개는 사람을 해치지 않는다.

13 lay

[lei] **동사** 놓다, 두다; (새가 알을) 낳다 (– laid – laid)

He **laid** a hand on my arm. 그는 내 팔에 손을 얹었다.

This hen **lays** an egg a day.
이 암탉은 하루에 한 개씩 알을 낳는다.

14 praise

[preiz] **명사** 칭찬, 찬양 **동사** 칭찬하다

I wrote a poem in **praise** of freedom.
나는 자유를 찬양하는 시를 한 편 썼다.

15 operate

[ápərèit] **동사** 작동시키다, 가동시키다; 수술하다

operation **명사** 작동, 작업; 수술

Tell me how to **operate** the machine.
기계 작동법을 알려줘.

16 measure

[méʒər] **동사** 측정하다, 재다; (길이·양이) ~이다

First, I'll **measure** your height.
우선 네 키를 재겠다.

Day **27** **PRACTICE**

A **단어** 영어는 우리말로, 우리말은 영어로 쓰기

01 argue _____ 09 설명하다 _____

02 trick _____ 10 조용한, 침묵하는 _____

03 force _____ 11 동의하다 _____

04 accept _____ 12 불평하다 _____

05 share _____ 13 시 _____

06 include _____ 14 피해; 해를 끼치다 _____

07 lay _____ 15 칭찬 _____

08 operate _____ 16 측정하다 _____

17 take part in

〜에 참여하다

I'm going to **take part in** a special summer camp. 나는 특별 여름 캠프에 참가할 예정이다.

18 dress up

격식을 갖춰 입다; 변장하다

What made you **dress up** so nicely?
무슨 일로 잘 차려 입었나요?

She **dressed up** as the Little Match Girl.
그녀는 성냥팔이 소녀 복장을 했다.

19 be fond of

〜을 좋아하다

I **am** not **fond of** the taste of garlic.
나는 마늘 맛을 좋아하지 않는다.

20 more and more

점점 더 많은, 더욱 더

The wind blew **more and more** violently.
바람이 점점 더 세차게 불었다.

Answers p. 270

B 숙어 숙어 이용하여 문장 완성하기

17 I _____ _____ singing.
나는 노래 부르는 걸 좋아해.

18 So I'll _____ _____ _____ the singing contest.
그래서 노래 대회에 참가할 거야.

19 I'll _____ _____ for the contest. 대회 때 옷을 잘 차려 입어야지.

Day 28

01 rare

[rεər] 형용사 드문, 희귀한; (고기를) 살짝 익힌

rarely 부사 좀처럼 ~하지 않는, 드물게

It's a very **rare** animal. 그것은 매우 희귀한 동물이에요.

02 advance

[ədvǽns] 명사 전진, 발전; 선불 동사 다가가다; 증진되다

Prepare a month in **advance**.
한 달 전부터 미리 준비해라.

03 survive

[sərváiv] 동사 살아남다, (위기를) 견디다

survival 명사 생존, 유물

He was lucky to **survive**.
그는 운 좋게도 살아남았다.

04 community

[kəmjú:nəti] 명사 지역 사회, 공동체, 주민

I volunteered at the **community** center.
나는 지역 주민 회관에서 봉사 활동을 했다.

05 warn

[wɔːrn] 동사 경고하다, 주의 주다

warning 명사 경고, 주의

I **warn** you that it is very dangerous.
경고하지만 그것은 매우 위험하다.

06 scream

[skri:m] 동사 비명을 지르다, 소리치다, 악을 쓰다

명사 비명, 절규

Someone is **screaming** for help.
누군가 도와달라고 외치고 있다.

07 electric

[iléktrik] **형용사** 전기의, 전기를 이용하는

electricity **명사** 전기, 전력

I felt an **electric** shock when I touch it.

그것을 만지자 전기가 올랐다.

08 seldom

[séldəm] **부사** 좀처럼 ~ 않는 (= rarely)

I **seldom** watch TV these days.

나는 요즘 거의 TV를 보지 않는다.

[seldom은 not이나 no를 쓰지 않고도 부정의 뜻을 나타내.]

09 grave

[greiv] **명사** 무덤, 묘소

I visited my grandpa's **grave** yesterday.

나는 어제 할아버지 묘소에 다녀왔다.

10 height

[hait] **명사** 높이; 키

It is almost 10 meters in **height**.

그것은 높이가 거의 10미터이다.

11 instrument

[ínstrəmənt] **명사** 기구; 악기

I want to learn to play an **instrument**.

나는 악기 연주를 배우고 싶다.

12 period

[píː)əriəd] **명사** 기간, 시기, 시대

Six years is not a short **period**.

6년은 짧은 기간이 아닙니다.

[period에는 '마침표'라는 뜻도 있어.]

13 mention

[ménʃən] **동사** 말하다, 언급하다

Don't **mention** it again.
다시는 그것에 대해 언급하지 마.

14 cheer

[tʃiər] **명사** 환호성, 응원 **동사** 응원하다, 기분 좋게 하다

cheerful **형용사** 발랄한, 쾌활한, 생기를 주는

I'm trying to **cheer** him up.
나는 그의 기분을 북돋으려고 노력하고 있다.

15 precious

[préʃəs] **형용사** 귀중한, 소중한, 비싼

Don't waste **precious** time.
소중한 시간을 낭비하지 마세요.

16 notice

[nóutis] **명사** 주목, 공지 사항, 공고문, 안내판, 통지
동사 주목하다, ~을 의식하다

There were two **notices** today.
오늘은 공지 사항이 두 개 있었다.

Day 28 PRACTICE

A 단어 영어는 우리말로, 우리말은 영어로 쓰기

01 rare　＿＿＿＿＿＿＿＿　　09 전진, 발전　＿＿＿＿＿＿＿＿

02 survive　＿＿＿＿＿＿＿＿　　10 지역 사회　＿＿＿＿＿＿＿＿

03 warn　＿＿＿＿＿＿＿＿　　11 비명을 지르다　＿＿＿＿＿＿＿＿

04 electric　＿＿＿＿＿＿＿＿　　12 좀처럼 ~ 않는　＿＿＿＿＿＿＿＿

05 grave　＿＿＿＿＿＿＿＿　　13 높이; 키　＿＿＿＿＿＿＿＿

06 instrument　＿＿＿＿＿＿＿＿　　14 기간, 시기　＿＿＿＿＿＿＿＿

07 mention　＿＿＿＿＿＿＿＿　　15 응원; 응원하다　＿＿＿＿＿＿＿＿

08 precious　＿＿＿＿＿＿＿＿　　16 주목, 공지 사항　＿＿＿＿＿＿＿＿

17 cheer up

격려하다

Cheer up! You will do better next time.

힘 내! 다음에는 더 잘할 거야.

18 for a moment

잠시 동안, 잠깐

Can I borrow your pen **for a moment**?

잠시 펜 좀 빌릴 수 있을까요?

19 pay for

지불하다, 빚을 갚다

He **paid for** them with a credit card.

그는 그것들을 신용카드로 지불했다.

20 run out of

~을 다 써버리다, 다 쓰고 없다

We have **run out of** tissue.

휴지가 다 떨어졌어요.

Answers p. 270

B 숙어 숙어 이용하여 문장 완성하기

17 I have _____ _____ _____ pocket money.
용돈이 다 떨어졌어요.

18 So Jenny _____ _____ the food.
그래서 제니가 밥값을 냈죠.

19 That's not a big deal. _____ _____!
별일 아니네. 힘 내!

01 **apology**

[əpάlədʒi] 명사 사과, 변명

apologize 동사 사과하다

You have my sincerest **apology**.
진심으로 사과드립니다.

02 **disease**

[dizíːz] 명사 병, 질병, 질환

The beginning of health is knowing the
disease. 건강의 시작은 병을 아는 것이다. (스페인 속담)

03 **value**

[vǽljuː] 명사 가치, 중요성

valuable 형용사 소중한, 값비싼

We only know the **value** of health after we
lose it. 우리는 건강을 잃고 나서야 비로소 그것의 가치를 알게 된다.

04 **tough**

[tʌf] 형용사 힘든, 어려운; 엄한; 억센

He is in a very **tough** situation.
그는 아주 어려운 상황에 놓여 있다.

tough(터프)의 gh는 [f]로 발음해.

05 **court**

[kɔːrt] 명사 (테니스, 배드민턴 등을 하는) 경기장; 법정; 궁궐

There is a tennis **court** at our school.
우리 학교에는 테니스 경기장이 있다.

06 **tradition**

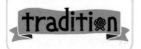

[trədíʃən] 명사 전통

traditional 형용사 전통의, 전통적인

It's a **tradition** from a long time ago.
그것은 오래 전부터 내려오는 전통이다.

07 unique

[juːníːk] **형용사** 독특한, 유일한, 고유한

Molly has a **unique** way of speaking.
몰리는 말투가 독특하다.

08 furniture

[fɔ́ːrnitʃər] **명사** 가구

A sofa is a comfortable piece of **furniture**. 소파는 편안한 가구이다.

09 regular

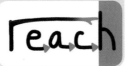

[régjulər] **형용사** 규칙적인, 정기적인

regularly **부사** 규칙적으로, 정기적으로, 자주

We have a **regular** meeting every Friday.
우리는 매주 금요일에 정기 모임을 갖습니다.

10 reach

[riːtʃ] **동사** ~에 도달하다, 이르다

Thanks to you, I can **reach** the star.
네 덕분에 나는 별에 닿을 수 있어.

[reach는 뒤에 to나 at을 쓰지 않아. 시험에 잘 나오니 기억해.]

11 disappoint

[dìsəpɔ́int] **동사** 실망시키다

disappointed **형용사** 실망한, 낙담한

I'm sorry to **disappoint** you.
실망시켜 드려서 죄송해요.

12 reject

[ridʒékt] **동사** 거절하다, 거부하다

I decided to **reject** his offer.
나는 그의 제안을 거절하기로 결심했다.

13	**hide**	[haid] **동사** 숨기다, 감추다, 숨다 (– hid – hid)

hidden **형용사** 숨겨진, 비밀의

Arnold **hid** in the woods.
아놀드는 숲에 숨었다.

14	**loud**	[laud] **형용사** 시끄러운, 큰 소리를 내는

loudly **부사** 큰 소리로

He always speaks in a **loud** voice.
그는 늘 큰 소리로 말한다.

15	**pollute**	[pəljúːt] **동사** 오염시키다, 더럽히다

pollution **명사** 오염

The fumes from cars **pollute** the air.
자동차 매연에 공기가 오염된다.

16	**pretend**	[priténd] **동사** ~인 척하다

I **pretended** to fall asleep.
나는 잠든 척했다.

Day **29** PRACTICE

A 단어 영어는 우리말로, 우리말은 영어로 쓰기

01 apology	_____	09 병, 질병	_____
02 value	_____	10 힘든; 엄한	_____
03 court	_____	11 전통	_____
04 unique	_____	12 가구	_____
05 regular	_____	13 ~에 도달하다	_____
06 disappoint	_____	14 거절하다	_____
07 hide	_____	15 시끄러운	_____
08 pollute	_____	16 ~인 척하다	_____

17 on one's way (to)

(〜로 가는) 도중에

I saw a frog **on my way to** school.
나는 학교 가는 길에 개구리를 한 마리 보았다.

18 take a picture of

〜을 사진 찍다

Let me **take a picture of** you.
내가 너 한 장 찍어 줄게.

19 go to a movie

영화 보러 가다

How about **going to a movie** this weekend?
이번 주말에 영화 보러 가는 게 어때?

20 upside down

거꾸로, 뒤집혀서

Bats always hang **upside down**.
박쥐는 항상 거꾸로 매달려 있다.

Answers p. 270

B 숙어 숙어 이용하여 문장 완성하기

17 I saw the bats _____ _____ here.
여기 오는 길에 박쥐를 봤어.

18 They hung _____ _____
박쥐들이 거꾸로 매달려 있더라구.

19 I _____ _____ them.
사진을 여러 장 찍었어.

01 assist

[əsíst] **동사** 돕다, 거들다, ~의 조수를 하다

assistant 명사 조수, 보조하는 사람

I am happy to **assist** Jane.
제인을 돕게 되어 기쁘다.

02 fill

[fil] **동사** 채우다, 메우다, 때우다

full 형용사 가득 찬

I have to **fill** the bucket with water.
나는 양동이에 물을 채워야 해.

03 unusual

[ʌnjúːʒuəl] **형용사** 특이한, 별난 (↔ usual 보통의)

unusually 부사 대단히, 유별나게, 특이하게

There's nothing **unusual** about him.
그에겐 특이한 점이 없다.

04 exchange

[ikstʃéindʒ] **동사** 교환하다, 맞바꾸다; 환전하다

명사 교환; 대화; 환전

We **exchange** presents on Christmas.
우리는 크리스마스에 선물을 주고받는다.

05 clear

[kliər] **형용사** 분명한, 확실한; 맑은, 깨끗한

clearly 부사 분명히, 또렷하게, 알기 쉽게

It is **clear** who is right.
누가 옳은지는 분명합니다.

06 tongue

[tʌŋ] **명사** 혀; 언어; 말버릇

Frogs use their **tongue** to catch insects.
개구리는 곤충을 잡기 위해서 혀를 사용한다.

> 이 문장을 읽어 봐. She sells seashells by the seashore.
> 혀가 꼬이지? 이렇게 혀가 꼬이는 말을 tongue twister라고 해.

07 complete

[kəmplíːt] 형용사 완벽한, 완전한 　동사 완료하다; 기입하다

completely 부사 완전히, 전적으로

Our plan was a **complete** success.
우리 계획은 완벽한 성공이었다.

08 exact

[igzǽkt] 형용사 정확한, 틀림없는, 딱 맞는

exactly 부사 정확히, 틀림없이

I'm not sure of the **exact** time.
나는 정확한 시간을 잘 모르겠어.

09 voice

[vɔis] 명사 목소리, 음성

Please speak in a louder **voice**.
좀 더 큰 소리로 말씀해 주세요.

10 similar

[símələr] 형용사 비슷한, 닮은

similarity 명사 유사성, 닮음

Dad and I have **similar** tastes.
아빠와 나는 취미가 비슷하다.

11 guess

[ges] 동사 짐작하다, 추측하다

I **guess** she knows my birthday.
그녀는 아마 내 생일을 알 거야.

12 slip

[slip] 동사 미끄러지다; 슬며시 가다; 악화되다

He **slipped** on a banana peel.
그는 바나나 껍질을 밟고 미끄러졌다.

> 과거나 미래로 가는 시간 여행은 time slip(타임 슬립)이라고 해.

13 influence

[ínfluəns] **명사** 영향, 영향력　**동사** 영향을 주다

Teachers have an **influence** on students.
교사는 학생에게 영향을 준다.

14 president

ᵖresident

[prézidənt] **명사** 대통령; 대표, 회장

The **president** is elected by the people.
대통령은 국민에 의해 선출된다.

15 individual

[ìndəvídʒuəl] **형용사** 개인의, 개인적인, 각각의　**명사** 개인

We should respect **individual** freedom.
우리는 개인의 자유를 존중해야 한다.

16 nod

[nɑd] **동사** 고개를 끄덕이다, 인사하다; 졸다　**명사** 끄덕임

He gave a **nod** instead of an answer.
그는 대답 대신 고개를 끄덕였다.

Day 30　PRACTICE

A **단어** 영어는 우리말로, 우리말은 영어로 쓰기

01 assist　＿＿＿＿＿＿

02 unusual　＿＿＿＿＿＿

03 clear　＿＿＿＿＿＿

04 complete　＿＿＿＿＿＿

05 voice　＿＿＿＿＿＿

06 guess　＿＿＿＿＿＿

07 influence　＿＿＿＿＿＿

08 individual　＿＿＿＿＿＿

09 채우다　＿＿＿＿＿＿

10 교환하다　＿＿＿＿＿＿

11 혀; 언어　＿＿＿＿＿＿

12 정확한　＿＿＿＿＿＿

13 비슷한　＿＿＿＿＿＿

14 미끄러지다　＿＿＿＿＿＿

15 대통령; 대표　＿＿＿＿＿＿

16 끄덕이다　＿＿＿＿＿＿

17 (be) similar to

~와 비슷한 (비슷하다)

Early symptoms **are similar to** the flu.
초기 증상은 독감과 비슷하다.

18 (be) different from

~와 다른 (다르다)

The book **is different from** the movie.
책은 영화와 달라.

19 be filled with

~로 가득 차다

The sink **is filled with** water and bubbles.
싱크대가 물과 거품으로 가득 차 있다.

20 come true

이루어지다, **실현되다**

Dreams **come true**.
꿈은 이루어진다.

Answers p. 270

B 숙어 숙어 이용하여 문장 완성하기

17 This room _____

_____ twins. 이 방에는 쌍둥이가 가득하다.

18 Most of them _____

_____ one another. 그들 대부분은 서로 닮았다.

19 But some twins _____

_____ one another. 그러나 일부 쌍둥이는 서로 다르다.

다른 나라에서 빌려온
영단어(word) 이야기

영어는 사용하는 나라가 많아서 다른 나라 말이 그대로 영어가 된 경우가
많아. 다음 낱말들은 어느 나라 언어에서 왔는지 짐작해 봐.

safari (사파리)　　　zebra (얼룩말)
chimpanzee (침팬지)　zombie (좀비)

사파리 하면 떠오르는 곳은? BINGO!
이 단어들은 아프리카 어에서 왔어.
좀비는 아프리카 지방의 공포 이야기에
나오는데, '되살아난 시체'를 말해.

silk (비단)　　　ginseng (인삼)
chopstick (젓가락)　ketchup (케첩)

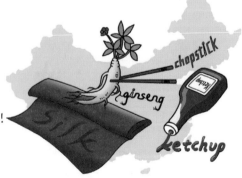

비단 하면 생각나는 나라는?
젓가락은 동양권에서 주로 쓴다는 것도 힌트!
OK 이 단어들은 중국어에서 왔어.
케첩이 중국어에서 왔다는 건 좀 특이하지?

Basic Words 이야기에 사용된 왕기초 어휘 쓰기

• _____ 사파리	• _____ 얼룩말	• _____ 침팬지
• _____ 비단	• _____ 젓가락	• _____ 케첩

opera (오페라)   piano (피아노)

spaghetti (스파게티)   umbrella (우산)

금방 눈치 챘을 것 같은데?

바로 이탈리아 어에서 온 단어들이야.

그런데, 우산을 개발한 나라가 이탈리아일까?

pajama (파자마)   rice (쌀)   yoga (요가)

요가에서 딱 알겠지? 바로 인도어에서 온 영어야.

인도는 쌀을 주식으로 하고, 주요 쌀 생산지야.

giraffe (기린)   sofa (소파)

sugar (설탕)   zero (숫자 0)

좀처럼 짐작이 안 되지?

이 단어들은 아랍 어에서 왔어.

영어는 이처럼 다양한 나라에서 온 말들이 많아.

· _____ 오페라	· _____ 우산	· _____ 쌀
· _____ 요가	· _____ 설탕	· _____ 숫자 0

---

01 ancient

[éinʃənt] **형용사** 고대의, 아주 오래된

modern **형용사** 현대의, 현대적인 (↔ ancient)

The **ancient** people lived by hunting.
원시인들은 사냥을 하며 살았다.

---

02 appreciate

[əpríːʃièit] **동사** 고마워하다; 인정하다

I **appreciate** you being with us.
우리와 함께 있어 주셔서 감사합니다.

---

03 conduct

[kándʌkt] **명사** 행실 [kəndʌ́kt] **동사** 실시하다; 지휘하다

conductor **명사** 지휘자; 여행 안내자

Dr. Bald **conducted** an experiment.
발드 박사가 한 가지 실험을 했다.

---

04 eager

[íːɡər] **형용사** 간절히 바라는, 열렬한, 열심인

They were **eager** to play outside.
그들은 밖에 나가서 놀기를 몹시 갈망했다.

---

05 reason

[ríːzən] **명사** 이유, 까닭, 근거; 사고력

reasonable **형용사** 합리적인, 타당한, 사리에 맞는

He said no, but he didn't give a **reason**.
그는 싫다고 했지만 이유는 말하지 않았다.

---

06 develop

[divéləp] **동사** 발달하다, 발전하다, 개발하다

development **명사** 발달, 성장, 개발

My role is to **develop** new products.
내 역할은 신제품 개발이야.

07 guide

[gaid] **명사** 안내; 안내 책자; 안내인
동사 안내하다

Guide dogs live with blind people.
맹도견(맹인 안내견)은 시각장애인과 함께 산다.

08 international

[ìntərnǽʃənəl] **형용사** 국제적인

It is the biggest **international** issue these
days. 그것은 요즘 최대의 국제 문제이다.

09 raise

[reiz] **동사** 올리다, 일으키다; 키우다

Please **raise** your right hand. 오른손을 드세요.

> 시험에 잘 나오는 혼동어: raise(올리다) – rise(오르다)
> raise는 뒤에 목적어를 써야 하고, rise는 뒤에 목적어를 쓰면 안 돼.

10 secret

[síːkrit] **형용사** 비밀의, 남이 모르는, 은밀한
명사 비밀, 기밀

secretary **명사** 비서, 총무

Shh, it's top **secret**. 쉿. 그건 일급비밀이야.

11 shout

[ʃaut] **동사** 외치다, 소리치다, 큰 소리로 말하다

He **shouted** at me not to be late.
그는 내게 늦지 말라고 소리쳤다.

12 lead

[liːd] **동사** 이끌다, 안내하다 (– led – led)
명사 선두; 우세

leader **명사** 지도자, 대표

If you **lead**, I'll follow. 네가 앞장서면 내가 따라갈게.

13 press

[pres] 명사 신문, 언론 동사 누르다, 압력을 가하다

pressure 명사 압력, 압박

If you **press** it, the bomb will go off.
네가 그것을 누르면, 폭탄이 터질 거야.

14 pride

[praid] 명사 자부심, 긍지, 자존심, 자랑거리

proud 형용사 자랑스러운

She is the **pride** of the nation.
그녀는 우리나라의 보배이다.

15 normal

[nɔ́ːrməl] 형용사 평범한, 정상적인, 보통의

His temperature is **normal**.
그의 체온은 정상이다.

16 mind

[maind] 명사 마음, 정신, 생각, 사고방식
동사 마음[신경]을 쓰다, 염두에 두다; 싫어하다

Speech is the picture of the **mind**. 말은 마음의 그림.
Do you **mind** if I open the door? 문을 열어도 될까요?

Day 31   PRACTICE

A 단어 영어는 우리말로, 우리말은 영어로 쓰기

01 ancient _____	09 고마워하다 _____
02 conduct _____	10 간절히 바라는 _____
03 reason _____	11 발달하다 _____
04 guide _____	12 국제적인 _____
05 raise _____	13 비밀의; 비밀 _____
06 shout _____	14 이끌다 _____
07 press _____	15 자부심 _____
08 normal _____	16 마음, 정신 _____

17 for free

공짜로, 무료로

He fixed it **for free**.

그는 공짜로 그것을 고쳐 주었다.

18 on sale

판매 중인; 할인 중인

Those backpacks are **on sale**.

그 가방들은 할인 중입니다.

19 be about to

막 ~하려고 하다

He **was about to** dive into the pool.

그는 막 수영장으로 다이빙하려던 참이었다.

20 and so on

기타 등등

I want candy like chips, gum, cookies, **and so on.** 나는 칩, 껌, 쿠키 등 같은 과자를 먹고 싶다.

Answers p. 271

B 숙어 숙어 이용하여 문장 완성하기

17 I bought some dishes, cups, _____ _____ _____.

나는 접시, 컵 등을 샀어요.

18 These are _____ _____ today.

이것들은 오늘 할인 중이에요.

19 Really? I _____ _____ buy one. 진짜요? 저도 하나 사려던 참인데.

01 **audience**

[ɔ́ːdiəns] 명사 청중, 관중, 시청자, 관람객

The **audience** was clapping for about 5 minutes. 관중들은 약 5분 동안 계속 박수를 쳤다.

02 **sudden**

[sʌ́dən] 형용사 갑작스러운

suddenly 부사 갑자기

It was a **sudden** attack.
갑작스러운 공격을 당했다.

03 **realize**

[ríː(ː)əlàiz] 동사 깨닫다, 알아차리다; 실현하다

I didn't **realize** the bear was so close to me.
나는 곰이 내게 그렇게 가까이 다가온 것을 알아차리지 못했다.

04 **avoid**

[əvɔ́id] 동사 피하다, 방지하다, 막다

I think those accidents can be **avoided**.
내 생각에 그런 사고들은 피할 수 있다.

05 **wake**

[weik] 동사 깨다, 깨우다, 일깨우다

Please **wake** me up at 7 a.m.
오전 7시에 깨워 주세요.

06 **exhibit**

[igzíbit] 동사 전시하다, 보이다 명사 전시품

exhibition 명사 전시회, 전시

I'll **exhibit** the work tomorrow.
나는 내일 그 작품을 전시할 거야.

exhibit의 ex는 [igz], exhibition의 ex는 [eks]로 발음해.

07 connect

[kənékt] 동사 연결하다, 연결되다

connection 명사 연결, 관련성

Connect your phone to the computer.

컴퓨터에 전화를 연결해라.

08 view

[vjuː] 명사 견해, 관점; 경관

동사 ～라고 여기다, 보다

He explained his **view** on the subject.

그는 그 주제에 관한 자신의 견해를 설명했다.

09 forgive

[fərgív] 동사 용서하다, 죄송합니다 (– forgave – forgiven)

Please **forgive** me. I won't lie again.

용서해 주세요. 다시는 거짓말을 하지 않을게요.

10 reserve

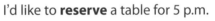

[rizə́ːrv] 동사 예약하다; 보류하다

reservation 명사 예약

I'd like to **reserve** a table for 5 p.m.

오후 5시에 테이블 하나를 예약하고 싶습니다.

11 delay

[diléi] 명사 지체, 지연, 연기

동사 미루다, 연기하다

The fee for the **delay** is 500 won a day.

연체료는 하루에 500원입니다.

12 direction

[dirékʃən] 명사 방향; 목표; 지시

He has a terrible sense of **direction**.

그는 방향 감각이 안 좋다.

> 우리는 '동서남북' 순서로 방향(direction)을 말하지만 영어권에
> 서는 보통 나침반을 시계 방향으로 읽어 '북동남서'라고 해.

13 harvest

[háːrvist] **명사** 수확, 추수 **동사** 수확하다, 거둬들이다

Autumn is the season of the **harvest**.
가을은 수확의 계절이다.

14 object

[ábdʒikt] **명사** 물체, 대상; 목적 [əbdʒékt] **동사** 반대하다

He is collecting plastic **objects**.
그는 플라스틱으로 된 물건을 모으고 있다.

15 private

[práivit] **형용사** 개인이 소유한, 사적인, 개인을 위한

privacy **명사** 사생활

He goes to a **private** school. 그는 사립학교에 다닌다.

16 knock

[nɑk] **동사** 노크하다, 두드리다, 부딪치다 **명사** 노크 소리

Fortune **knocks** at our door by turns.
행운은 차례대로 문을 두드린다. (쥐구멍에도 볕 들 날 있다.)

Day 32 PRACTICE

A **단어** 영어는 우리말로, 우리말은 영어로 쓰기

01 audience _____

02 realize _____

03 wake _____

04 connect _____

05 forgive _____

06 delay _____

07 harvest _____

08 private _____

09 갑작스러운 _____

10 피하다 _____

11 전시하다 _____

12 견해, 관점; 경관 _____

13 예약하다 _____

14 방향 _____

15 물체 _____

16 두드리다 _____

17 make a reservation

예약하다

I want to **make a reservation** for a room.
방을 하나 예약하고 싶습니다.

18 see off

～을 배웅하다

I have to **see** him **off** this afternoon.
나는 오늘 오후에 그를 배웅하러 가야 해.

19 get on

～에 타다 (↔ get off ～에서 내리다)

Get on this bus. Jasmine will let you know when to **get off**.
이 버스를 타. 재스민이 언제 내려야 할지 알려줄 거야.

20 stand for

～을 상징하다, 나타내다

The initials ROK **stand for** Republic of Korea.
ROK는 대한민국을 나타낸다.

Answers p. 271

B 숙어 숙어 이용하여 문장 완성하기

17 I _____ for a train for him. 내가 그를 위해 기차 예약을 해주었어.

18 I went to the station to _____ him _____. 그를 배웅하러 기차역에 갔지.

19 But he _____ the wrong train. 그런데 그가 기차를 잘못 탔어.

01 athlete

[ǽθliːt] 명사 운동선수, 육상 선수

Morris is a great **athlete**.
모리스는 훌륭한 운동선수이다.

02 brave

[breiv] 형용사 용감한, 용기 있는

bravery 명사 용기, 용감성

This man looks **brave**, doesn't he?
이 남자는 용감해 보이지 않니?

03 settle

[sétl] 동사 해결하다; 정착하다

I don't know how to **settle** the matter.
나는 그 문제를 어떻게 해결해야 할지 모르겠다.

04 familiar

[fəmíljər] 형용사 익숙한, 낯익은, ~을 잘 아는

I'm not **familiar** with Mexican food.
나는 멕시코 음식에 익숙하지 않다.

05 attract

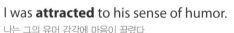

[ətrǽkt] 동사 마음을 끌다, 끌어들이다

attractive 형용사 매력적인, 멋진

I was **attracted** to his sense of humor.
나는 그의 유머 감각에 마음이 끌렸다.

06 situation

[sìtʃuéiʃən] 명사 상황, 처지, 환경

Jeremy was in a difficult **situation**.
제레미는 힘든 상황에 처해 있었다.

[sitcom(시트콤)은 situation comedy(상황극)를 합친 말이야.]

07 surprise

[sərpráiz] 명사 뜻밖의 놀라운 일, 놀라움 동사 놀라게 하다

surprising 형용사 놀라운

What a **surprise**! 놀라운걸!

---

08 receive

[risí:v] 동사 받다; 받아들이다, 인정하다

I **received** an e-mail from my teacher.
나는 선생님께 이메일을 한 통 받았다.

---

09 idle

[áidl] 형용사 게으른, 놀고 있는, 한가하게 보내는

There is no time to be **idle**.
게으름 피우고 있을 시간이 없다.

〔 혼동어: idle(게으른) - idol(우상, 아이돌) 〕

---

10 insist

[insíst] 동사 주장하다, 고집하다, 우기다

If you **insist** on going that way, please be
extra careful.
굳이 그쪽 길로 가시겠다면 각별히 조심하세요.

---

11 amaze

[əméiz] 동사 놀라게 하다

amazing 형용사 놀라운

My son always **amazes** me.
우리 아들은 언제나 나를 놀라게 한다.

---

12 divide

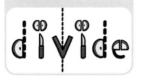

[diváid] 동사 나누다, 나뉘다, 분열하다

division 명사 분배, 나누기; 분열; (조직의) 부

Divide the bar into 4 parts.
막대기를 네 등분해라.

13 remove

[rimúːv] **동사** 제거하다, **치우다**

Remove the plastic wrap.
포장용 비닐을 제거하세요.

14 position

[pəzíʃən] **명사** 위치, **자리** **동사** (특정한 곳에) 두다, **배치하다**

He is in the best **position**.
그는 가장 좋은 위치에 있다.

15 punish

[pʌ́niʃ] **동사** 처벌하다, **벌주다**

I'll **punish** you if you tell a lie.
거짓말을 하면 내기 벌줄 기야.

16 safe

[seif] **형용사** 안전한, 안심할 수 있는 **명사** 금고

safety **명사** 안전, 안전성, 안전한 곳

It is **safe** if you wear a helmet. 헬멧을 쓰면 안전해.

Day **33** PRACTICE

A **단어** 영어는 우리말로, 우리말은 영어로 쓰기

01 athlete _____ 09 용감한 _____

02 settle _____ 10 익숙한 _____

03 attract _____ 11 상황 _____

04 surprise _____ 12 받다 _____

05 idle _____ 13 주장하다 _____

06 amaze _____ 14 나누다 _____

07 remove _____ 15 위치 _____

08 punish _____ 16 안전한; 금고 _____

17 at least

적어도, 최소한

The hat costs **at least** 50 dollars.

그 모자는 최소 50달러짜리이다.

18 due to

~ 때문에

The schools were closed **due to** the heavy

snow. 눈이 많이 와서 학교들이 문을 닫았다.

19 stay up

(늦게까지) 깨어 있다, 안 자다

I want to **stay up** late tonight.

나는 오늘밤에는 늦게까지 깨어 있고 싶다.

20 to one's surprise

놀랍게도

To my surprise, I won first prize.

놀랍게도 내가 일등을 했다.

Answers p. 271

B 숙어 숙어 이용하여 문장 완성하기

17 I _____

late last night.

어젯밤 늦게까지 깨어 있었어.

18 I couldn't sleep

_____ the pain. 통증 때문에

잠을 잘 수가 없었어.

19 I'll sleep for

_____

12 hours today.

오늘은 최소 12시간은 잘 거야.

01 disappear

[dìsəpíər] **동사** 사라지다, 없어지다 (↔ appear 나타나다)

He **disappeared** into the darkness.

그는 어둠 속으로 사라졌다.

02 serious

[sí(:)əriəs] **형용사** 심각한, 진지한

Don't worry. It's not a **serious** problem.

걱정 마. 심각한 문제는 아니야.

03 crowd

[kraud] **명사** 군중, 무리, 집단 **동사** 가득 메우다

crowded **형용사** 붐비는, ~로 가득한

The old man disappeared into the **crowd**.

그 노인은 군중 속으로 사라졌다.

04 gain

[gein] **동사** 얻다, 쌓다, 늘리다

명사 증가; 이점, 이익

You'll **gain** weight if you eat too much candy.

사탕을 너무 많이 먹으면 살찔 거야.

05 devote

[divóut] **동사** ~에 바치다, 헌신하다, 몰두하다

Devote more time to studying.

공부에 시간을 더 들여라.

06 explore

[iksplɔ́:r] **동사** 탐험하다, 답사하다; 탐구하다

explorer **명사** 탐험가, 답사자

My dream is to **explore** outer space.

내 꿈은 우주 탐사이다.

07 length

[leŋkθ] **명사** 길이; 기간, 시간

This stick is 110 cm in **length**.

이 지팡이는 길이가 110cm이다.

08 handle

[hǽndl] **동사** 다루다, 처리하다

명사 손잡이

Handle the broken glass with care.

깨진 유리를 조심해서 처리해라.

09 opposite

[ápəzit] **형용사** 맞은편의, 다른 편의; 반대의

oppose **동사** 반대하다; 겨루다

The devil stands **opposite** to the angel.

악마와 천사는 마주 서 있다.

10 narrow

[nǽrou] **형용사** 좁은, 한정된, 편협한 (↔ wide 넓은)

The roads were **narrow** and winding.

길은 좁고 구불구불했다.

11 public

[pʌ́blik] **형용사** 공공의, 대중의, 대중을 위한

Public toilets are sometimes dirty.

공중 화장실은 때때로 지저분하다.

12 route

[ru:t] **명사** 길, 도로; 경로, 노선

Do you have an app for the bus **routes**?

너는 버스 노선을 안내하는 앱을 갖고 있니?

동음이의어 : route(길) – root(뿌리)

13	**repeat**	[ripíːt] 〔동사〕 반복하다, 되풀이하다

repeatedly 〔부사〕 되풀이하여, 반복하여

Would you **repeat** that, please?
한 번 더 말씀해 주시겠어요?

14	**save**	[seiv] 〔동사〕 구하다; 모으다, 저축하다

saving 〔명사〕 절약; 저금, 저축한 돈

She **saved** him from drowning.
그녀가 익사할 뻔한 그를 구했다.

15	**pour**	[pɔːr] 〔동사〕 붓다, 퍼붓다, 마구 쏟아지다

Pour the sauce over the fish.
생선에 소스를 부어라.

16	**quite**	[kwait] 〔부사〕 꽤, 상당히

It's a **quite** interesting movie.
그것은 꽤 재미있는 영화이다.

혼동어: quite(꽤) – quiet(조용한)

Day 34 PRACTICE

A 〔단어〕 영어는 우리말로, 우리말은 영어로 쓰기

01 disappear	_____	09 심각한	_____
02 crowd	_____	10 얻다	_____
03 devote	_____	11 탐험하다	_____
04 length	_____	12 다루다	_____
05 opposite	_____	13 좁은	_____
06 public	_____	14 길; 경로	_____
07 repeat	_____	15 구하다	_____
08 pour	_____	16 꽤, 상당히	_____

17 thanks to

~ 덕분에

Thanks to your help, I finished the work.
네가 도와줘서 그 과제를 끝냈다.

18 succeed in

~에 성공하다

He **succeeded in** breaking the bricks.
그는 벽돌 격파에 성공했다.

19 all over the world

전 세계에

My dream is to travel **all over the world**.
내 꿈은 전 세계를 여행하는 것이다.

20 be covered with

~로 덮여 있다, 가득 차다

The roof **is covered with** snow.
지붕이 눈으로 덮여 있다.

Answers p. 271

B 숙어 숙어 이용하여 문장 완성하기

17 We _____ _____ making snow.
우리는 눈 만들기에 성공했어.

18 _____ _____ the invention, we can ski during summer. 이 발명품 덕분에 여름에 스키를 탈 수 있어.

19 Oh, my! This place is _____ _____ snow. 이런! 여기가 눈으로 가득 찼어.

01 **law**

[lɔː] 〔명사〕 법, 법률

lawyer 〔명사〕 변호사

It's against the **law** to steal something.
뭔가를 훔치는 것은 불법이다.

02 **nation**

[néiʃən] 〔명사〕 국가; 국민

national 〔형용사〕 국가의, 전국적인; 국립의

I've been to many African **nations**.
나는 아프리카의 여러 나라에 가 본 적이 있다.

03 **demand**

[diménd] 〔명사〕 요구, 수요

〔동사〕 요구하다, 필요로 하다

His goods were in great **demand**.
그의 상품은 수요가 많았다.

04 **necessary**

[nésəsèri] 〔형용사〕 필요한, 필연적인

I believe that it is **necessary**.
나는 그것이 꼭 필요하다고 믿어.

05 **senior**

[síːnjər] 〔형용사〕 고위의, 성인을 위한

〔명사〕 연장자, 손윗사람

She is **senior** to me. 그녀는 나보다 상급자이다.
I visited the **senior** center. 나는 양로원을 방문했다.

06 **junior**

junior

[dʒúːnjər] 〔형용사〕 하급의, 부하의, 청소년의 〔명사〕 아랫사람

He is **junior** to me. 그는 나보다 하급자이다.

senior to(~보다 연상인) - junior to(~보다 연하인)

senior와 junior는 비교 대상 앞에 than 말고 to를 쓴다구!

07 overcome

[òuvərkám] 동사 극복하다, 이기다 (- overcame - overcome)

I think he can **overcome** his weakness.
나는 그가 약점을 극복할 수 있을 거라고 생각한다.

08 pardon

[pá:rdn] 감탄사 뭐라고요 명사 용서, 관용 동사 용서하다

Pardon me for being late.
늦은 것을 용서해 주세요. (늦어서 죄송합니다.)

Pardon? 뭐라고요?

09 power

[páuər] 명사 힘; 권력, 세력

powerful 형용사 영향력 있는, 강력한

Knowledge is **power**.
아는 것이 힘이다. (프랜시스 베이컨)

10 grade

[greid] 명사 등급; 성적; 학년

What **grade** are you in? 몇 학년이에요?

upgrade(업그레이드) 개선하다, 상위 등급으로 높여 주다

downgrade(다운그레이드) 떨어뜨리다, 등급이나 수준을 낮추다

11 result

[rizʌ́lt] 명사 결과, 성과
동사 (~의 결과로) 발생하다, 생기다

I'm satisfied with the **results**.
나는 결과에 만족한다.

12 mistake

[mistéik] 명사 실수, 잘못, 오류
동사 실수하다, 오해하다, 잘못 판단하다

I cut my finger by **mistake**.
나는 실수로 손가락을 베었다.

13 select

[silékt] 〔동사〕 선정하다, 고르다　〔형용사〕 엄선된

selection 〔명사〕 선발, 선정, 선택

Select one of these T-shirts.
이 티셔츠 중 하나를 고르세요.

14 prove

[pru:v] 〔동사〕 증명하다, ～임이 드러나다, 판명되다

I'll **prove** it to you in 5 minutes.
5분 안에 그것을 증명해 보이겠습니다.

15 own

[oun] 〔형용사〕 ～ 자신의, 직접 ～한

It's my **own** idea. 그것은 내 자신의 생각이다.

16 scene

[si:n] 〔명사〕 장면; 현장, 풍경

scenery 〔명사〕 경치, 풍경, 배경

She closed her eyes from the **scene**.
그녀는 그 장면에서 눈을 감았다.

Day 35 PRACTICE

A 〔단어〕 영어는 우리말로, 우리말은 영어로 쓰기

01 law _____　09 국가; 국민 _____

02 demand _____　10 필요한 _____

03 senior _____　11 하급의; 아랫사람 _____

04 overcome _____　12 용서하다 _____

05 power _____　13 등급; 학년 _____

06 result _____　14 실수 _____

07 select _____　15 증명하다 _____

08 own _____　16 장면 _____

17 give a hand

돕다

Can you **give** me **a hand**?
저 좀 도와주시겠어요?

18 make a mistake 실수하다

Anyone can **make a mistake**.
누구나 실수를 합니다.

19 as a result

결과적으로

As a result, we are all winners.
결과적으로 우리 모두 승자이다.

20 get a grade

성적을 받다

I'm happy to **get a** good **grade**.
성적을 잘 받으니 기쁘다.

Answers p. 271

B 숙어 숙어 이용하여 문장 완성하기

17 Philip _____ me _____ big _____.
필립이 나를 많이 도와주었다.

18 I _____ _____ really good _____.
나는 정말 점수를 잘 받았다.

19 _____ _____ _____, I won first prize.
그 결과로 나는 일등을 했다.

01 courage

[kə́:ridʒ] **명사** 용기

courageous **형용사** 용감한

Tom is a man of great **courage**.

톰은 용기가 많은 사람이다.

---

02 observe

[əbzə́:rv] **동사** 관찰하다, 주시하다, 목격하다

He likes to **observe** things closely.

그는 사물을 주의 깊게 관찰하는 것을 좋아한다.

---

03 gesture

[dʒéstʃər] **명사** 몸짓, 몸짓 언어, 제스처

The hands-up **gesture** means "I give up."

양손을 올리는 것은 "내가 졌어."라는 뜻이다.

---

04 recover

[rikʌ́vər] **동사** (건강을) 회복하다, 되찾다

Get lots of sleep. You'll **recover** soon.

푹 자. 곧 회복될 거야.

---

05 ignore

[ignɔ́:r] **동사** 무시하다, 못 본 척하다

Do not **ignore** any of their advice.

그들의 조언 중 어떤 것도 소홀히 여기지 마라.

---

06 congratulate

[kəngrǽtʃulèit] **동사** 축하하다, 기뻐하다

congratulation **명사** 축하, 축하 인사

I **congratulate** you on your success. 성공 축하해.

Congratulations!(= Congrats!) 축하해! (꼭 -s를 붙여서 말해.)

07 industry

[índəstri] **명사** 산업, 공업, 제조업; 근면

I want to work in the recording **industry**.

나는 음반 산업 분야에서 일하고 싶다.

08 local

[lóukəl] **형용사** 지역의, 현지의

명사 주민, 현지인

The **local** time is 9 a.m.

현지 시각은 오전 9시입니다.

09 patient

[péiʃənt] **명사** 환자

형용사 참을성 있는, 인내심 있는

The **patient** is under the doctor's care.

그 환자는 치료 중입니다.

10 remain

[riméin] **동사** 남다, 계속 ～이다

My dad decided to **remain** at home.

아빠는 집에 남아 있기로 했다.

11 offer

[ɔ́(:)fər] **동사** 제안하다, 제공하다

명사 제의, 제안

She **offered** 30 dollars for the doll.

그녀는 인형 값으로 30달러를 제안했다.

12 fortune

[fɔ́ːrtʃuːn] **명사** 운, 운수; 재산

fortunately **부사** 다행히도, 운 좋게도

Fortune smiled on me. 행운이 내게 미소지었다.

[fortune teller(포춘 텔러): 운수를 이야기하는 사람 즉, 점쟁이]

13 **debate**

[dibéit] **명사** 토론, 논쟁　**동사** 토론하다, 논의하다

Today's **debate** was about keeping pets.
오늘 토론은 애완동물 키우기에 관한 것이었다.

14 **machine**

[məʃíːn] **명사** 기계

My dad is using a sewing **machine**.
우리 아빠는 재봉틀을 사용하고 있다.

15 **steal**

[stiːl] **동사** 훔치다, 도둑질하다 (– stole – stolen)

I didn't **steal** the money.
저는 그 돈을 훔치지 않았어요.

16 **scare**

[skɛər] **동사** 겁주다, 겁먹게 하다

scared **형용사** 무서워하는, 겁먹은

You **scared** me. 너 때문에 놀랐잖아.

Day 36 **PRACTICE**

A **단어** 영어는 우리말로, 우리말은 영어로 쓰기

01 courage	_____	09 관찰하다	_____
02 gesture	_____	10 회복하다	_____
03 ignore	_____	11 축하하다	_____
04 industry	_____	12 지역의	_____
05 patient	_____	13 남다	_____
06 offer	_____	14 운; 재산	_____
07 debate	_____	15 기계	_____
08 steal	_____	16 겁주다	_____

17 as soon as

~하자마자

As soon as I know the results, I'll let you know.

결과를 아는 대로 바로 알려드릴게요.

18 step by step

한 걸음씩, 착실히

Do it **step by step**. You don't have to rush.

차근차근 해. 서두를 필요 없어.

19 make it

성공하다, 해내다

You can **make it** if you work together.

너희들이 함께 노력하면 해낼 수 있다.

20 give up

포기하다

He **gave up** and waved the white flag.

그는 포기하고 백기를 흔들었다.

Answers p. 272

B 숙어 숙어 이용하여 문장 완성하기

17 I'll explain it to you _____ _____.

차근차근 설명할게.

18 I'm sure you can _____ _____.

네가 그것을 해낼 거라고 확신해.

19 Never _____ _____ until you succeed. 성공할 때까지 절대 포기하지 마.

---

01 habit

[hǽbit] **명사** 습관, 버릇

Break your bad **habit** of spitting on the street.
길에 침을 뱉는 나쁜 습관을 고쳐라.

---

02 perform

[pərfɔ́:rm] **동사** 수행하다, 실시하다; 공연하다

performance 명사 공연, 연주회; 연기

He will **perform** a piano concert.
그는 피아노 연주 공연을 할 것이다.

---

03 possible

[pásəbl] **형용사** 가능한, 있을 수 있는

possibility 명사 가능성

It's **possible** to swim in this pond.
이 연못에서는 수영할 수 있다.

---

04 impossible

[impásəbl] **형용사** 불가능한 (possible ↔ impossible)

I would not say it was **impossible**.
나는 그것이 불가능했다고 말하지는 않겠다.

---

05 physical

[fízikəl] **형용사** 육체의; 물질의, 물리적인

How often do you do **physical** exercise?
신체 단련을 얼마나 자주 하나요?

---

06 mental

[méntəl] **형용사** 마음의, 정신적인 (physical ↔ mental)

Baseball is 90% **mental**. The other portion is physical. 야구는 정신력이 90%이고 나머지가 체력이다. (요기 베라)

정신적으로 충격을 받았거나 혼란스러울 때 쓰는 '멘붕'이라는 속어는 '멘탈(mental) 붕괴'의 줄임말이야.

07 positive

[pázitiv] **형용사** 긍정적인, 낙관적인

명사 긍정적인 것; 양성

I want to be a **positive** and wise man.
나는 긍정적이고 현명한 사람이 되고 싶다.

08 negative

[négətiv] **형용사** 부정적인, 비관적인 (positive ↔ negative)

명사 부정; 음성

Seek the positive rather than the **negative**.
부정적인 것보다 긍정적인 것을 찾아라.

09 publish

[pábliʃ] **동사** 출판하다, (기사를) 싣다

This book was **published** in 2014.
이 책은 2014년에 출판되었다.

10 depend

[dipénd] **동사** 의존하다, 의지하다, 믿다

Children **depend** on their parents.
아이들은 부모에게 의존한다.

11 obey

[oubéi] **동사** 복종하다, 따르다, 지키다

Today I **obeyed** my son's orders.
오늘은 내가 아들의 명령에 따라 주었다.

12 major

[méidʒər] **형용사** 주요한, 중대한

minor **형용사** 작은, 별로 중요하지 않는 (↔ major)

A **major** problem is a lack of water.
중대한 문제는 물 부족이다.

[major league(메이저 리그) - minor league(마이너 리그)]

13 insect

[ínsekt] 명사 곤충, 벌레

A bee is an **insect**, but a spider is not.

벌은 곤충이지만 거미는 (곤충이) 아니다.

14 supply

[sʌplái] 명사 공급 동사 공급하다, 제공하다

The power **supply** will be cut off soon.

곧 전기 공급이 끊길 것이다.

15 concentrate

[kánsəntrèit] 동사 집중하다, 전념하다

concentration 명사 집중

I can't **concentrate** on studying.

공부에 집중할 수가 없다.

16 stick

[stik] 명사 막대; 채 동사 찌르다; 붙이다 (- stuck - stuck)

sticky 형용사 끈적거리는, 달라붙는

Try using a walking **stick**.

지팡이를 사용해 보세요.

Day 37 PRACTICE

A 단어 영어는 우리말로, 우리말은 영어로 쓰기

01 habit _____

02 possible _____

03 physical _____

04 positive _____

05 publish _____

06 obey _____

07 insect _____

08 concentrate _____

09 수행하다 _____

10 불가능한 _____

11 마음의 _____

12 부정적인 _____

13 의존하다 _____

14 주요한 _____

15 공급; 공급하다 _____

16 막대; 찌르다 _____

17 from time to time

가끔, 이따금

I meet him **from time to time**.

나는 가끔 그를 만난다.

18 depend on

~에 의존하다, 믿다

All living things **depend on** the sun.

모든 살아 있는 생명체는 태양에 의존한다.

19 stand in line

한 줄로 나란히 서다

We **stood in line** to buy tickets.

우리는 표를 사려고 줄을 섰다.

20 be ready for

~할 준비가 되다

We **are ready for** winter.

우리는 겨울을 맞을 준비가 되었습니다.

Answers p. 272

B 숙어 숙어 이용하여 문장 완성하기

17 We _____ _____ takeoff. 우리는 출발 준비가 되었어요.

18 OK. _____ here. 좋아요. 여기 한 줄로 서세요.

19 Don't _____ _____ her too much. 그녀에게 너무 의존하지 마.

01 **museum**

[mju(ː)zí(ː)əm] 명사 박물관, 미술관

We are going to a science **museum** next week.
우리는 다음 주에 과학박물관에 간다.

02 **language**

[lǽŋgwidʒ] 명사 언어, 말

Don't use bad **language**.
나쁜 말을 쓰지 마라.

03 **memory**

[méməri] 명사 기억, 기억력

memorize 동사 암기하다

I have a bad **memory** for names.
나는 사람 이름을 잘 기억하지 못한다.

04 **magazine**

[mæ̀gəzíːn] 명사 잡지; (TV나 라디오) 프로그램

I read a **magazine** article on a new laptop.
나는 새 노트북에 대한 잡지 기사를 읽었다.

05 **decorate**

[dékərèit] 동사 장식하다, 꾸미다

decoration 명사 장식, 장식품

I want to **decorate** my room with new
wallpaper. 나는 새 벽지로 내 방을 꾸미고 싶다.

06 **information**

[ìnfərméiʃən] 명사 정보

inform 동사 알리다

I got **information** from the magazine.
나는 그 잡지에서 정보를 얻었다.

정보 제공 센터에 쓰여 있는 "i"가 바로 information의 약자야.

07 **particular**

[pərtíkjələr] 형용사 특정한, 특별한; 까다로운

Do you care for any **particular** color?

특별히 좋아하는 색이 있나요?

08 **harmony**

[háːrməni] 명사 조화, 화합, 화음

It's important to live in **harmony**.

조화롭게 살아가는 것이 중요하다.

09 **suppose**

[səpóuz] 동사 (~일 거라고) 생각하다, 추측하다, 가정하다

Let's **suppose** you are at the North Pole.

여러분이 북극에 있다고 가정해 봅시다.

10 **progress**

[prágres] 명사 진전, 진행
동사 (앞으로) 나아가다, 진행하다

The program is already in **progress**.

프로그램이 벌써 진행 중이다.

11 **pill**

[pil] 명사 알약

Take the **pill** and get some rest.

그 알약을 먹고 쉬어라.

12 **ocean**

[óuʃən] 명사 대양, 바다

I went to the **ocean** to catch a big fish.

나는 큰 고기를 잡으려고 바다로 왔다.

태평양: Pacific Ocean – 대서양: Atlantic Ocean

13 suggest

suggest

[səgdʒést] **동사** 제안하다, 추천하다

suggestion **명사** 제안, 의견

I **suggest** that we play outside.
밖에 나가서 노는 것을 제안합니다.

14 medical

medical

[médikəl] **형용사** 의료의, 의학의

I'm interested in the hospital's **medical** services. 나는 병원의 의료 서비스에 관심이 있다.

15 temperature

temperature

[témpərətʃər] **명사** 온도, 기온, 체온

The patient has a high **temperature**.
그 환자는 열이 높아요.

16 tight

tight

[tait] **형용사** 단단한, 꽉 조인, 딱 붙는 **부사** 단단히, 꽉

Grab the rope and hold it **tight**. 줄을 꽉 잡아라.

쭉 읽어 봐: fight, light, might, night, right, sight, tight

Day 38 PRACTICE

A **단어** 영어는 우리말로, 우리말은 영어로 쓰기

01 museum		09 언어, 말	
02 memory		10 잡지	
03 decorate		11 정보	
04 particular		12 조화, 화합	
05 suppose		13 진전, 진행	
06 pill		14 대양, 바다	
07 suggest		15 의료의	
08 temperature		16 단단한, 꽉 조인	

17 **be supposed to**　～하기로 되어 있다, ～해야 한다

You **are supposed to** be here, right?

네가 여기 있기로 했잖아?

18 **first of all**　우선, 가장 먼저, 무엇보다도

First of all, find a quiet place to study.

먼저, 공부할 조용한 장소를 찾아보세요.

19 **from now on**　지금부터는, 앞으로는

From now on, don't speak so loudly.

지금부터는 그렇게 큰 소리로 말하지 마세요.

20 **make an effort**　노력하다, 애쓰다

He **made an effort** to climb the mountain.

그는 그 산에 오르려고 노력했다.

Answers p. 272

B 숙어 숙어 이용하여 문장 완성하기

17 _____ _____, think about your dream.

먼저, 꿈에 대해 생각해 봐.

18 _____ _____ follow your dream.

이제부터는 꿈을 향해 가라.

19 I'll _____ _____ to help you. 내가 너를 돕기 위해 노력할게.

🎧 단어·예문 듣기

Day 39

---

01 **judge**

[dʒʌdʒ] 명사 판사; 심판   동사 판단하다, 판정하다

I want to be a **judge**. 나는 판사가 되고 싶다.

Don't **judge** a book by its cover.

표지만 보고 책을 판단하지 마라. (서양 속담)

---

02 **honor**

[ánər] 명사 명예, 영광   동사 존경하다, 공경하다

It's a great **honor** to be here.

이곳에 있게 되어 큰 영광입니다.

[honor의 h는 묵음이라 [아너]라고 발음해.]

---

03 **garbage**

[gáːrbidʒ] 명사 쓰레기; 쓰레기통

What are you doing in the **garbage** can?

쓰레기통에서 지금 뭐 하는 거예요?

---

04 **recycle**

[riːsáikl] 동사 재활용하다

Aluminum cans are easy to **recycle**.

알루미늄 캔은 재활용하기 쉽다.

---

05 **reuse**

[riːjúːz] 동사 재사용하다

We can **reuse** these plastic bags.

이 비닐봉투는 재사용할 수 있습니다.

---

06 **reduce**

[ridʒúːs] 동사 줄이다, 축소하다, 낮추다

3Rs: **Reduce**, Reuse, Recycle

3R: 쓰레기 줄이기, 재사용하기, 재활용하기

REUSE
REDUCE
RECYCLE

---

07 pity

[píti] **명사** 동정심(불쌍히 여김), 유감 (애석한 일)

What a pity! 가엾어라!

It's a pity that you have to go now.

지금 가셔야 한다니 유감입니다.

08 persuade

[pərswéid] **동사** 설득하다

persuasion **명사** 설득

Please **persuade** him to come.

그를 오라고 설득해 주세요.

09 experiment

[ikspérəmənt] **명사** 실험 **동사** 실험하다

The **experiment** was very interesting.

그 실험은 매우 흥미로웠다.

10 import

[ímpɔːrt] **명사** 수입(품) [impɔ́ːrt] **동사** 수입하다

export **명사** 수출 **동사** 수출하다 (↔ import)

This pen is an **import** from Germany.

이 펜은 독일 수입품이야.

11 prefer

[prifə́ːr] **동사** ~을 더 좋아하다, 선호하다

I **prefer** juice to tea. 저는 차보다 주스가 더 좋아요.

> prefer는 비교 대상 앞에 than 대신 to를 써.
> 시험에 꼭 나오니 반드시 기억하라구!

12 achieve

[ətʃíːv] **동사** 달성하다, 성취하다

achievement **명사** 업적, 성취

Without an aim, you cannot **achieve** anything.

목표 없이는 어떤 것도 이룰 수 없어.

13 replace

[ripléis] 동사 대신하다, 대체하다

Someday e-books will **replace** paper books.
언젠가 전자 책이 종이 책을 대신할 것이다.

14 spoil

[spɔil] 동사 망치다, 못쓰게 만들다

spoiler 명사 방해물

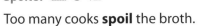

Too many cooks **spoil** the broth.
요리사가 많으면 수프를 망친다. (사공이 많으면 배가 산으로 간다.)

15 schedule

[skédʒuːl] 명사 일정, 스케줄 동사 일정을 잡다

I have a full **schedule** on Friday.
금요일은 일정이 꽉 찼습니다.

16 storm

[stɔːrm] 명사 폭풍, 폭풍우

stormy 형용사 폭풍우가 몰아치는, 날씨가 험악한

The **storm** damaged the crops.
폭풍이 농작물에 피해를 입혔다.

Day **39** PRACTICE

A 단어 영어는 우리말로, 우리말은 영어로 쓰기

01 judge _____	09 명예, 영광 _____
02 garbage _____	10 재활용하다 _____
03 reuse _____	11 줄이다 _____
04 pity _____	12 설득하다 _____
05 experiment _____	13 수입; 수입하다 _____
06 prefer _____	14 달성하다 _____
07 replace _____	15 망치다 _____
08 schedule _____	16 폭풍 _____

17 take place in

~에서 열리다, 일어나다

The 24th Olympic Games **took place in** Seoul.

제24회 올림픽 경기는 서울에서 열렸다.

18 put off

미루다, 연기하다

Never **put off** until tomorrow what you can do today. 오늘 할 수 있는 일을 내일로 미루지 마라.

19 prefer A to B

B보다 A를 더 좋아하다

I **prefer** soccer **to** basketball.

나는 농구보다 축구를 더 좋아한다.

20 do an experiment on

~에 관해 실험하다

Dr. Bald **does an experiment on** hair.

발드 박사는 머리카락에 관한 실험을 한다.

Answers p. 272

B 숙어 숙어 이용하여 문장 완성하기

17 The final match _____ _____ Brazil.
최종 경기는 브라질에서 열려.

18 The match was _____ _____ for a week. 그 경기는 일주일 동안 연기되었어.

19 I _____ baseball _____ soccer.
난 축구보다 야구가 더 좋아.

01 democracy

[dimákrəsi] 명사 민주주의, 민주 국가

Democracy respects the rights of the individual. 민주주의는 개인의 권리를 존중한다.

02 liberty

[líbərti] 명사 자유

Look at the Statue of **Liberty**.
자유의 여신상을 봐.

03 occur

[əkə́:r] 동사 일어나다, 발생하다

When did the accident **occur**?
그 사고는 언제 일어났나요?

04 principal

[prínsəpəl] 형용사 주요한, 주된 명사 교장, 학장

We bowed to the **principal**.
우리는 교장 선생님께 인사했다.

[철자가 비슷한 혼동어: principal(교장) - principle(원칙)]

05 describe

[diskráib] 동사 묘사하다, 서술하다, (도형을) 그리다

description 명사 묘사, 서술

I can **describe** a perfect heart.
나는 하트를 완벽히 그릴 수 있어.

06 opinion

[əpínjən] 명사 의견, 견해, 생각

Tell me your **opinion** on the matter.
그 문제에 관한 네 의견을 이야기해라.

07 passion

[pǽʃən] **명사** 열정, 격정

Simon is a man of **passion**.
사이먼은 열정적인 사람이다.

08 purpose

[pə́:rpəs] **명사** 목적, 용도; 의도

What's the **purpose** of the interview?
면접의 목적이 무엇인가요?

09 loose

[lu:s] **형용사** 느슨한, 헐렁한 (↔ tight 꽉 끼는)

My pants are too **loose**. 바지가 너무 헐렁해요.

발음 주의: loose[lu:s 루스] – lose[lu:z 루즈] 잃어버리다

10 attend

[əténd] **동사** 참석하다; ~에 다니다; 주의를 기울이다

attendance 명사 참석, 출석

attention 명사 주의, 주목, 관심

I'll **attend** the meeting. 나는 그 회의에 참석할 것이다.

11 property

[prápərti] **명사** 재산, 소유물, 부동산

He got a large amount of **property**.
그는 재산이 상당히 많다.

12 lend

[lend] **동사** 빌려주다, 대출하다

Can you **lend** me 1,000 won? 천원만 빌려줄래?

lend는 상대방이 나에게 빌려주는 것: Can you lend me $5?

borrow는 내가 상대방에게 빌리는 것: Can I borrow you $5?

13 **muscle**

[mʌ́sl] 명사 근육; 힘, 근력

He worked out to develop his **muscles**.
그는 근육을 키우기 위해 운동했다.

Before   After

14 **require**

[rikwáiər] 동사 요구하다, 필요로 하다

Children **require** a lot of care and attention.
아이들은 많은 보살핌과 관심을 필요로 한다.

15 **recognize**

[rékəgnàiz] 동사 알아보다, 인식하다, 인정하다

I **recognized** him by his curly hair.
나는 곱슬머리를 보고 그를 알아보았다.

16 **graduate**

[grǽdʒueit] 동사 졸업하다 [grǽdʒəwət] 명사 대학 졸업자

graduation 명사 졸업

I **graduated** from ABC Elementary School.
나는 ABC 초등학교를 졸업했다.

Day **40**   PRACTICE

A 단어 영어는 우리말로, 우리말은 영어로 쓰기

01 democracy _____ 09 자유 _____

02 occur _____ 10 주요한; 교장 _____

03 describe _____ 11 의견 _____

04 passion _____ 12 목적; 의도 _____

05 loose _____ 13 참석하다 _____

06 property _____ 14 빌려주다 _____

07 muscle _____ 15 요구하다 _____

08 recognize _____ 16 졸업하다 _____

17 make up one's mind

결심하다

She **made up her mind** to go there alone.

그녀는 그곳에 혼자 가기로 결심했다.

18 come up with

~을 생각해 내다, 제안하다

I **came up with** a new solution.

나는 새로운 해결책을 생각해 냈다.

19 pay attention to

~에 유의하다, 주목하다

Please **pay attention to** what I'm saying.

제 이야기에 귀 기울여 주세요.

20 in the end

마침내, 결국

I'm sure you will succeed **in the end**.

저는 결국에 가서는 여러분이 성공할 것이라고 확신합니다.

Answers p. 272

B 숙어 숙어 이용하여 문장 완성하기

17 I _____ _____ _____ a new idea.

새로운 아이디어가 떠올랐어.

18 _____ _____ what I'm saying! 내 말에 귀 기울여 봐!

19 _____ _____ _____ we failed to plan.

결국 우리는 계획을 못 세웠다.

· A friend in need is a friend indeed. 어려울 때 친구가 진짜 친구이다.

· Patience is the art of hoping. 인내는 희망의 기술이다.

· Honesty is the best policy. 정직이 최상의 정책이다.

PART 3

어휘력을 키우는 접사

Day 41 ~ Day 50

PART 3에서는 접사별로
묶어 하루 12쌍의 단어를
공부합니다. 파생어와 짝을
지어 공부하면 어휘력이
쑥쑥 늘어납니다.

🔖 뒤에 붙어 **명사**를 만드는 **-(t)ion**

-(t)ion이 붙으면 바로 앞 모음에 강세가 와.

01 collect
⬇
collection

[kəlékt] 동사 모으다, **수집하다**

[kəlékʃən] 명사 수집품, 소장품
She has a big **collection** of stickers.
그녀는 스티커를 많이 소장하고 있다.

02 protect
⬇
protection

[prətékt] 동사 보호하다, **지키다**

[prətékʃən] 명사 보호, 보호물
Wear sunglasses that provide full UV-ray
protection.
자외선으로부터 완벽히 보호해 주는 선글라스를 착용해라.

03 educate
⬇
education

[édʒukèit] 동사 교육하다, **가르치다**

te로 끝나는 단어는 보통 e를 없애고 -ion을 붙여.

[èdʒukéiʃən] 명사 교육
I don't think an early **education** is helpful for
kids. 나는 조기 교육이 아이들에게 도움이 되지 않는다고 생각해.

04 invite
⬇
invitation

[inváit] 동사 초대하다, 초청하다, 요청하다

invitation처럼 특이하게 바뀌기도 하니 주의해.

[invitéiʃən] 명사 초대, 초청, 요청
I'd love to accept your **invitation**.
당신의 초대를 기꺼이 받아들이겠습니다.

05 **dark**
⬇
darkness

[dɑ:rk] 형용사 어두운, 캄캄한

[dɑ́:rknis] 명사 어둠, 암흑
Now I am used to the **darkness**.
이제 어둠에 익숙해졌다.

06 **fit**
⬇
fitness

[fit] 형용사 건강한; 적합한

[fítnis] 명사 신체 단련, 건강; 적합함
They are training for their **fitness** test.
그들은 체력 테스트에 대비해 운동하고 있다.

07 **unique**
⬇
uniqueness

[juːníːk] 형용사 독특한, 유일한

[juːníːknis] 명사 독특함, 고유성
I don't want to lose the **uniqueness** of the site.
나는 이 유적지가 고유성을 잃지 않았으면 좋겠다.

08 **lazy**
⬇
laziness

[léizi] 형용사 게으른, 느긋한

[léizinis] 명사 게으름, 나태함
The bad thing about him is his **laziness**.
그는 게으른 것이 흠이다.

y로 끝나는 단어는
y를 i로 바꾸고
-ness를 붙여.

09 **move**
[mu:v] 동사 움직이다, 이동하다

↓

movement
[múːvmənt] 명사 움직임, 이동; 운동

Without air **movement**, there's no rain or snow.
공기의 이동 없이는 비나 눈이 오지 않는다.

10 **develop**
[divéləp] 동사 발달하다, 개발하다

↓

development
[divéləpmənt] 명사 발달, 개발

I'm interested in software **development**.
나는 소프트웨어 개발에 관심 있다.

11 **entertain**
[èntərtéin] 동사 즐겁게 해주다, 접대하다

↓

entertainment
[èntərtéinmənt] 명사 오락, 여흥, 접대

The show was a good family **entertainment**.
그 프로그램은 괜찮은 가족 오락물이었다.

12 **treat**
[tri:t] 동사 대하다, 다루다, 취급하다; 치료하다

↓

treatment
[tríːtmənt] 명사 대우, 처리; 치료

He requires **treatment** for shock.
그는 충격에 대한 치료가 필요하다.

🖈 우리말 참고하여 단어 쓰기

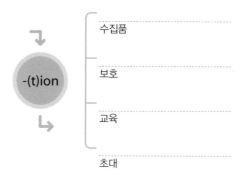

01 **collect**
모으다

02 _____
보호하다

03 _____
교육하다

04 _____
초대하다

-(t)ion

수집품

보호

교육

초대

05 **dark**
어두운

06 _____
건강한; 적합한

07 _____
독특한

08 _____
게으른

-ness

어둠

건강; 적합함

독특함

게으름

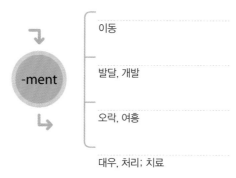

09 **move**
움직이다

10 _____
발달하다, 개발하다

11 _____
즐겁게 해주다

12 _____
대하다

-ment

이동

발달, 개발

오락, 여흥

대우, 처리; 치료

뒤에 붙어 **명사**를 만드는 -th

01 grow
⬇
growth

[grou] **동사** 자라다, 키우다, 증가하다

[grouθ] **명사** 성장, 증가

Plant **growth** is connected to the weather.
식물의 성장은 날씨와 관련되어 있다.

02 true
⬇
truth

[tru:] **형용사** 사실인, 맞는, 진정한, 참된

> e로 끝나는 단어는 e를 없애고 -th를 붙여.

[tru:θ] **명사** 사실, 진실, 사실성

Do you think she's telling the **truth**?
그녀가 진실을 말하고 있다고 생각해?

03 wide
⬇
width

[waid] **형용사** 넓은; 폭이 ~인

[widθ] **명사** 폭, 너비

The river is about 10 meters in **width**.
그 강은 폭이 약 10미터이다.

04 deep
⬇
depth

[di:p] **형용사** 깊은; 깊이가 ~인

> deep은 가운데 있는 e가 하나 빠지고 depth가 되는 것에 주의해.

[depθ] **명사** 깊이, 심도

What's the **depth** of the river here?
강의 이 부분은 깊이가 얼마나 되나요?

-ity가 붙으면
보통 바로 앞
모음에 강세가 와.

05 **electric**
⬇
electricity

[iléktrik] 형용사 전기의, 전기를 이용하는, 전기로 생산되는

[ilektrísəti] 명사 전기, 전력
The **electricity** is off.
전기가 끊겼다.

06 **similar**
⬇
similarity

[símələr] 형용사 비슷한, 닮은

[sìməlǽrəti] 명사 유사성, 닮음
We have lots of **similarities**.
우리는 닮은 점이 많다.

07 **pure**
⬇
purity

[pjuər] 형용사 순수한, 깨끗한

e로 끝나는 단어는
e를 없애고 -ity를
붙여.

[pjúərəti] 명사 순수성, 순도, 순결
A lily is a symbol of **purity**.
백합은 순결의 상징이다.

08 **curious**
⬇
curiosity

[kjúəriəs] 형용사 궁금한, 호기심이 많은

curious는 us가 없
어지고 curiosity가
되는 것에 주의해.

[kjùəriásəti] 명사 호기심, 신기함, 진기한 물건
Children show **curiosity** about everything.
아이들은 무엇에나 호기심을 보인다.

09 **differ**
⬇
difference

[dífər] 동사 다르다, 의견이 다르다

[dífərəns] 명사 차이, 다름
There is no **difference** between the two.
그 둘 사이에는 아무 차이도 없다.

10 **prefer**
⬇
preference

[prifə́ːr] 동사 ～을 더 좋아하다, 선호하다

[préfərəns] 명사 선호, 애호
That's a matter of personal **preference**.
그것은 개인적인 선호도의 문제이다.

11 **perform**
⬇
performance

[pərfɔ́ːrm] 동사 행하다, 실시하다; 공연하다

[pərfɔ́ːrməns] 명사 공연, 연주회; 연기
The **performance** ends at around 9.
그 공연은 9시쯤에 끝난다.

12 **attend**
⬇
attendance

[əténd] 동사 참석하다; ～에 다니다

[əténdəns] 명사 출석, 참석
The teacher checked the students' **attendance**.
선생님이 학생들의 출석을 점검했다.

우리말 참고하여 단어 쓰기

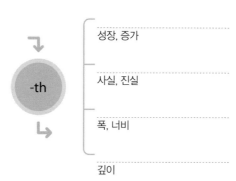

01 grow
자라다, 증가하다

성장, 증가

02 _____
사실인

사실, 진실

-th

03 _____
넓은

폭, 너비

04 _____
깊은

깊이

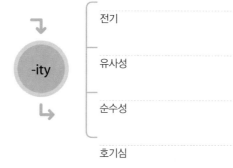

05 electric
전기의

전기

06 _____
비슷한, 닮은

유사성

-ity

07 _____
순수한

순수성

08 _____
호기심이 많은

호기심

09 differ
다르다

차이, 다름

10 _____
~을 더 좋아하다

선호

-ence
-ance

11 _____
행하다; 공연하다

공연; 연기

12 _____
참석하다

출석, 참석

Day 43

뒤에 붙어 **명사**를 만드는 -al

01 arrive
⬇
arrival

[əráiv] **동사** 도착하다

e로 끝나는 단어는 e를 없애고 -al을 붙여.

[əráivəl] **명사** 도착

Our **arrival** time at Gimpo Airport is 1 p.m.
우리가 김포 공항에 도착하는 시간은 오후 1시입니다.

02 propose
⬇
proposal

[prəpóuz] **동사** 제안하다, 제의하다; 청혼하다

[prəpóuzəl] **명사** 제안, 제의; 청혼

He accepted the **proposal** to buy more cakes.
그는 케이크를 더 사자는 제안을 받아들였다.

03 survive
⬇
survival

[sərváiv] **동사** 살아남다, 견뎌 내다

[sərváivəl] **명사** 생존

His chances of **survival** are very low.
그의 생존 가능성은 매우 희박하다.

04 bury
⬇
burial

[beri] **동사** 묻다, 매장하다

y로 끝나는 건 y를 i로 바꾸고 -al을 붙이는 것, 눈치챘나?

[bériəl] **명사** 매장; 장례식

They sent her body home for **burial**.
그들은 그녀의 시신을 매장하려고 고향으로 보냈다.

05 **press**
⬇
pressure

[pres] 동사 누르다, 밀착시키다, 눌리다

[préʃər] 명사 압박(감), 압력; (대기의) 기압
We're under a lot of **pressure**.
우리는 과중한 압박감에 시달리고 있다.

06 **fail**
⬇
failure

[feil] 동사 실패하다, ~하지 못하다

[féiljər] 명사 실패, 실패자, 실패작
The plan was a complete **failure**.
그 계획은 완전히 실패였다.

07 **please**
⬇
pleasure

[pliːz] 동사 기쁘게 하다, 기분을 맞추다

[pléʒər] 명사 기쁨, 즐거움

e로 끝나는 단어는 보통 e를 없애는군.

It has been a **pleasure** working with you.
당신과 함께 일하니 참 즐겁습니다.

08 **depart**
⬇
departure

[dipáːrt] 동사 떠나다, 출발하다

[dipáːrtʃər] 명사 출발
Let me know your **departure** time.
당신이 출발하는 시간을 알려주세요.

-y를 붙여 형용사를
만들기도 하니
주의~ (247쪽)

09 **honest**
[ánist] 형용사 정직한, 솔직한

⬇

honesty
[ánisti] 명사 정직, 솔직함
My brother has a name for **honesty**.
우리 형은 정직하다는 평판이 있다.

10 **difficult**
[dífikʌlt] 형용사 어려운, 힘든, 곤란한

⬇

difficulty
[dífikʌlti] 명사 어려움, 곤경, 장애
She answered the question without **difficulty**.
그녀는 그 질문에 어려움 없이 답했다.

11 **jealous**
[dʒéləs] 형용사 질투하는, 시샘하는

⬇

jealousy
[dʒéləsi] 명사 질투, 시샘
They looked at him with **jealousy**.
그들은 질투의 눈으로 그를 바라보았다.

12 **discover**
[diskʌ́vər] 동사 발견하다, 찾다

⬇

discovery
[diskʌ́vəri] 명사 발견
Come on, I'll show you my **discovery**.
이리 와 봐. 내가 발견한 것을 보여줄게.

🔖 우리말 참고하여 단어 쓰기

01 arrive
도착하다

02
제안하다

03
살아남다

04
묻다, 매장하다

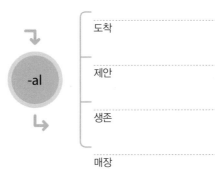

-al

도착

제안

생존

매장

05 press
누르다

06
실패하다

07
기쁘게 하다

08
떠나다, 출발하다

-ure

압박

실패

기쁨

출발

09 honest
정직한

10
어려운

11
질투하는

12
발견하다

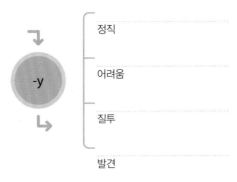

-y

정직

어려움

질투

발견

뒤에 붙어 "~하는 사람"을 만드는 -er / -or

01 hunt [hʌnt] 동사 사냥하다
⬇
hunter [hʌ́ntər] 명사 사냥꾼
Neil was a very good **hunter**.
닐은 사냥을 아주 잘했다.

02 follow [fálou] 동사 따라오다, 뒤를 잇다
⬇
follower [fálouər] 명사 추종자, 신봉자
He is a **follower**, not a leader.
그는 다른 사람의 뜻을 따르는 사람이지 앞장 서는 사람이 아니다.

03 visit [vízit] 동사 방문하다, 찾아가다
⬇
visitor [vízitər] 명사 방문객, 손님
We have **visitors** coming this weekend.
이번 주말에 손님이 온다.

04 invent [invént] 동사 발명하다, 지어내다
⬇
inventor [invéntər] 명사 발명가, 창안자
James Watt is the **inventor** of the steam engine.
제임스 와트는 증기 기관을 발명한 사람이다.

05 **cartoon**

[kɑːrtúːn] 명사 만화, 만화 영화

⬇

cartoonist

[kɑːrtúːnist] 명사 만화가

I'll be a famous **cartoonist**.
나는 유명한 만화가가 될 것이다.

06 **tour**

[tuər] 명사 여행, 관광

⬇

tourist

[túərist] 명사 관광객

The number of **tourists** to China is growing.
중국을 찾는 관광객이 늘고 있다.

07 **novel**

[nάvəl] 명사 소설

⬇

novelist

[nάvəlist] 명사 소설가

Hermann Hesse is a poet and **novelist**.
헤르만 헤세는 시인이자 소설가이다.

08 **journal**

[dʒə́ːrnəl] 명사 신문, 잡지, 일기

⬇

journalist

[dʒə́ːrnəlist] 명사 기자

Judy is a very able **journalist**.
주디는 매우 유능한 기자이다.

09 **magic** [mǽdʒik] 명사 마법, 마술

⬇

magician [mədʒíʃən] 명사 마술사, 마법사

The **magician** turned the scarf into a rose.
마술사는 스카프를 장미로 바꾸었다.

10 **music** [mjúːzik] 명사 음악; 악보

⬇

musician [mjuːzíʃən] 명사 음악가

I met a reggae **musician** at the cafe.
나는 그 카페에서 레게 음악가를 만났다.

11 **comedy** [kάmədi] 명사 코미디, 희극

⬇

comedian [kəmíːdiən] 명사 코미디언, 희극인

y로 끝나는 단어는 y를 없애고 -ian을 붙여.

I'm sure you'll be a good **comedian**.
나는 네가 훌륭한 코미디언이 될 거라고 확신해.

12 **history** [hístəri] 명사 역사

⬇

historian [histɔ́ːriən] 명사 사학자

A **historian** writes about history or studies history.
사학자는 역사에 관해 글을 쓰거나 역사를 연구하는 사람이다.

🔖 우리말 참고하여 단어 쓰기

01 hunt
사냥하다

02 ____
따라오다

03 ____
방문하다

04 ____
발명하다

-er
-or

사냥꾼

추종자

방문객

발명가

---

05 cartoon
만화

06 ____
여행

07 ____
소설

08 ____
신문, 잡지

-ist

만화가

관광객

소설가

기자

---

09 magic
마술

10 ____
음악

11 ____
희극

12 ____
역사

-ian

마술사

음악가

희극인

사학자

Day 45

뒤에 붙어 **형용사**를 만드는 -ful

01 **harm**
⬇
harmful

[hɑːrm] **명사** 해, 피해, 손해

[háːrmfəl] **형용사** 해로운, 유해한
Some on-line games are **harmful** to children.
일부 온라인 게임은 아이들에게 해롭다.

02 **power**
⬇
powerful

[páuər] **명사** 힘, 권력, 능력

[páuərfəl] **형용사** 영향력 있는, 강력한
Who is the most **powerful** leader in the world?
세계에서 가장 영향력 있는 지도자는 누구입니까?

03 **cheer**
⬇
cheerful

[tʃiər] **명사** 환호, 응원의 함성, 환호성

[tʃiərfəl] **형용사** 발랄한, 쾌활한
Kelly is a very **cheerful** and wise friend.
켈리는 무척 쾌활하고 현명한 친구이다.

04 **success**
⬇
successful

[səksés] **명사** 성공, 성과

[səksésfəl] **형용사** 성공한, 성공적인
Joanne Rowling is a **successful** writer.
조앤 롤링은 성공한 작가이다.

05 **culture**
⬇
cultural

[kʌ́ltʃər] 명사 문화

[kʌ́ltʃərəl] 형용사 문화와 관련된, 문화의
There are lots of **cultural** differences.
수많은 문화적 차이가 있다.

e로 끝나는 단어는
e를 없앤 뒤 -al을
붙여.

06 **nature**
⬇
natural

[néitʃər] 명사 자연; 본능

[nǽtʃərəl] 형용사 자연의, 자연 발생적인; 타고난
He is a **natural** musician.
그는 타고난 음악가이다.

07 **profession**
⬇
professional

[prəféʃən] 명사 직업, 직종

[prəféʃənəl] 형용사 직업의, 전문적인
They are **professional** women.
그들은 전문직 여성들이다.

08 **environment**
⬇
environmental

[inváiərənmənt] 명사 환경

[invàiərənméntəl] 형용사 환경의, 환경과 관련된
Read this **environmental** report now.
이제 이 환경 보고서를 읽어 보세요.

09 **create**
⬇
creative

[kriéit] 동사 창조하다, 창출하다, 만들다

[kriéitiv] 형용사 창조적인, 창의적인

e로 끝나는 단어는 e를 없앤 뒤 -ive를 붙여.

Think in a **creative** way to be a scientist.
과학자가 되려면 창의적인 방식으로 생각하라.

10 **attract**
⬇
attractive

[ətrǽkt] 동사 마음을 끌다, 끌어들이다

[ətrǽktiv] 형용사 매력적인, 멋진

It was a very **attractive** proposal.
그것은 매우 매력적인 제안이었다.

11 **expense**
⬇
expensive

[ikspéns] 명사 비용, (어떤 일에 드는) 돈, 경비

[ikspénsiv] 형용사 비싼, 비용이 많이 드는

The round one is more **expensive**.
둥근 것이 더 비쌉니다.

12 **effect**
⬇
effective

[ifékt] 명사 효과, 영향

[iféktiv] 형용사 효과적인, 실질적인

This method was more **effective**.
이 방법이 더 효과적이었다.

🔖 우리말 참고하여 단어 쓰기

01 harm
해, 피해

해로운

02
힘, 권력

영향력 있는, 강력한

-ful

03
환호

발랄한, 쾌활한

04
성공

성공한, 성공적인

05 culture
문화

문화와 관련된

06
자연

자연의

-al

07
직업

직업의, 전문적인

08
환경

환경의

09 create
창조하다

창의적인

10
마음을 끌다

매력적인

-ive

11
비용

비싼

12
효과

효과적인

Day 46

뒤에 붙어 형용사를 만드는 -ous

01 danger
[déindʒər] 명사 위험, 위험 요소, 위협
⬇
dangerous
[déindʒərəs] 형용사 위험한
The diving is **dangerous** for a beginner.
초보에게 잠수는 위험하다.

02 nerve
[nəːrv] 명사 신경; 긴장, 불안
⬇
nervous
[nə́ːrvəs] 형용사 불안한, 초조한
The kangaroo may be **nervous** of cars.
캥거루가 차 때문에 불안해 할지도 모른다.

> e로 끝나는 단어는 e를 없애고 -ous를 붙여.

03 humor
[hjúːmər] 명사 유머, 익살, 해학
⬇
humorous
[hjúːmərəs] 형용사 익살스러운, 유머러스한
The actor is really **humorous**.
그 배우는 정말 익살스럽다.

04 fame
[feim] 명사 명성
⬇
famous
[féiməs] 형용사 유명한
He is a **famous** film director.
그는 유명한 영화감독이다.

05 **fool**
→
foolish

[fu:l] **명사** 바보

[fú:liʃ] **형용사** 어리석은, 바보 같은
I was **foolish** to believe it.
그것을 믿다니 나는 어리석었어.

06 **child**
→
childish

[tʃaild] **명사** 아이, 어린이; 자식

[tʃáildiʃ] **형용사** 어린애 같은, 유치한
childlike 아이 같은, 순진한
His behavior was **childish**.
그의 행동은 유치했다.

07 **style**
→
stylish

[stail] **명사** 방식, 스타일; 유행

-ish를 붙일 때도 e로 끝나는 단어는 e를 없애.

[stáiliʃ] **형용사** 유행을 따른, 멋진, 우아한
His clothes were always very **stylish**.
그의 옷은 항상 무척 멋졌다.

08 **self**
→
selfish

[self] **명사** 자아, 자신, 자신의 이익, 이기

[sélfiʃ] **형용사** 이기적인
I think Elly is a very **selfish** girl.
나는 엘리가 매우 이기적인 여자애라고 생각해.

09 **comfort**

[kʌ́mfərt] 동사 위로하다 명사 안락; 위로

⬇

comfortable

[kʌ́mftəbl] 형용사 편안한, 쾌적한

It's such a **comfortable** chair.

이것은 정말 편안한 의자이다.

10 **enjoy**

[indʒɔ́i] 동사 즐기다, 즐거워하다

⬇

enjoyable

[indʒɔ́iəbl] 형용사 즐거운

I had an **enjoyable** day at the farm.

나는 농장에서 즐거운 하루를 보냈다.

11 **reason**

[ríːzən] 동사 판단하다, 추론하다 명사 이유, 근거; 사고력

⬇

reasonable

[ríːzənəbl] 형용사 타당한, 사리에 맞는, 적절한

The price is not **reasonable**. It's too expensive.

가격이 적절하지 않아요. 너무 비싸요.

12 **value**

[vǽljuː] 동사 소중하게 여기다 명사 가치

⬇

valuable

[vǽljuəbl] 형용사 소중한; 가치가 큰, 값비싼

It was a **valuable** experience for me.

그것은 내게 값진 경험이었다.

e로 끝나는 단어는
e를 떼고 -able를
붙여.

🔖 우리말 참고하여 단어 쓰기

01 danger
위험

02
신경; 불안

03
유머, 익살

04
명성

-ous

위험한

불안한, 초조한

익살스러운

유명한

05 fool
바보

06
아이

07
방식, 스타일

08
자아

-ish

어리석은

어린애 같은, 유치한

유행을 따른, 멋진

이기적인

09 comfort
위로하다; 위로

10
즐기다

11
판단하다; 이유

12
소중하게 여기다; 가치

-able

편안한

즐거운

타당한

소중한

Day 47

뒤에 붙어 **형용사를 만드는** -ly

-ly를 붙여 부사를
만들기도 하니
주의~ (250쪽)

01 **friend**
⬇
friendly

[frend] 명사 친구

[fréndli] 형용사 다정한, 친절한
Mr. Simpson is a warm and **friendly** person.
심슨 아저씨는 따뜻하고 친절한 분이다.

02 **love**
⬇
lovely

[lʌv] 명사 사랑

-ly를 붙일 때는
e로 끝나도 e를
없애지 않아.

[lʌ́vli] 형용사 사랑스러운, 아름다운, 매력적인
You have a **lovely** voice.
너는 매력적인 목소리를 갖고 있다.

03 **cost**
⬇
costly

[kɔːst] 명사 비용, 경비

[kɔ́ːstli] 형용사 돈이 많이 드는
That overseas trip is too **costly** for me.
저 해외여행은 내가 하기에는 돈이 너무 많이 든다.

04 **time**
⬇
timely

[taim] 명사 시간

[táimli] 형용사 시기적절한, 때맞춘
The **timely** arrival of the police saved many lives.
경찰이 제때 도착하여 많은 생명을 구했다.

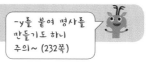

-y를 붙여 명사를
만들기도 하니
주의~ (232쪽)

05 **luck**
↓
lucky

[lʌk] **명사** 행운

[lʌ́ki] **형용사** 운이 좋은, 행운의

You're a **lucky** guy!
너는 운이 좋은 녀석이다.

06 **health**
↓
healthy

[helθ] **명사** 건강

[hélθi] **형용사** 건강한, 건강에 좋은

Eat **healthy** food and exercise more.
건강에 좋은 음식을 먹고 운동을 좀 더 해라.

07 **wealth**
↓
wealthy

[welθ] **명사** 부, 재산

[wélθi] **형용사** 부유한, 재산이 많은

Switzerland is a **wealthy** nation.
스위스는 부유한 나라이다.

08 **taste**
↓
tasty

[teist] **명사** 맛

[téisti] **형용사** 맛있는

e로 끝나는 단어는
e를 떼고 -y를 붙여.

The curry and rice is **tasty**.
카레라이스는 맛있다.

뒤에 붙어 "~이 없다"는 뜻의 **형용사**를 만드는 -less

09 **limit**
⬇
limitless

[límit] 명사 한계, 한도, 제한

[límitləs] 형용사 한이 없는, 방대한
The possibilities are **limitless**.
가능성은 무궁무진하다.

10 **home**
⬇
homeless

[houm] 명사 집, 가정

[hóumləs] 형용사 집 없는, 노숙자의
They took the **homeless** child to their home.
그들은 집 없는 아이를 집으로 데려왔다.

11 **price**
⬇
priceless

[prais] 명사 값, 가격

[práisləs] 형용사 값을 매길 수 없는, 매우 귀중한
The stamps are very old and **priceless**.
그 우표들은 매우 오래되었고 값을 매길 수 없이 귀중하다.

12 **worth**
⬇
worthless

[wəːrθ] 명사 가치, 값어치

[wə́ːrθləs] 형용사 쓸모없는, 가치 없는
I think this painting is **worthless**.
나는 이 그림이 가치가 없다고 생각한다.

> priceless와 worthless의
> 의미를 비교하며 외워 둬.

🖊 우리말 참고하여 단어 쓰기

01 friend
   친구

02 _____
   사랑

03 _____
   비용

04 _____
   시간

-ly

   다정한

   사랑스러운

   돈이 많이 드는

   시기적절한

05 luck
   행운

06 _____
   건강

07 _____
   부, 재산

08 _____
   맛

-y

   운이 좋은

   건강한

   부유한

   맛있는

09 limit
   한계, 제한

10 _____
   집

11 _____
   값, 가격

12 _____
   가치

-less

   한이 없는, 방대한

   집 없는, 노숙자의

   값을 매길 수 없는, 귀중한

   쓸모없는, 가치 없는

뒤에 붙어 **부사**를 만드는 -ly

-ly를 붙여 형용사
를 만들기도 하니
주의~ (246쪽)

01 **clear**
⬇
clearly

[kliər] 형용사 분명한, 확실한

[klíərli] 부사 분명히, 또렷하게, 알기 쉽게

Speak more **clearly**, please.
좀 더 분명히 이야기해 주세요.

02 **normal**
⬇
normally

[nɔ́ːrməl] 형용사 보통의, 정상적인, 평범한

[nɔ́ːrməli] 부사 보통, 보통 때는, 정상적으로

Sharks do not **normally** eat people.
상어는 평소에 사람을 잡아먹지 않는다.

03 **certain**
⬇
certainly

[sə́ːrtən] 형용사 확실한, 틀림없는

[sə́ːrtənli] 부사 확실히, 틀림없이, 분명히

This is **certainly** different from that.
이것은 분명히 그것과 다릅니다.

04 **traditional**
⬇
traditionally

[trədíʃənəl] 형용사 전통의, 전통적인

[trədíʃənəli] 부사 전통적으로

Korea is **traditionally** strong in archery.
한국은 전통적으로 양궁에 강하다.

05 **real**
↓
realize

[ríːəl] 형용사 진짜의, 실제의, 현실적인

[ríːəlàiz] 동사 깨닫다, 알아차리다
I **realized** that it was a dummy.
나는 그것이 마네킹이었다는 것을 알아차렸다.

06 **modern**
↓
modernize

[mádərn] 형용사 현대의, 근대의

[mádərnàiz] 동사 현대화하다
We decided to **modernize** our kitchen.
우리는 부엌을 현대화하기로 결정했다.

07 **organ**
↓
organize

[ɔ́ːrgən] 명사 장기, 기관

[ɔ́ːrgənàiz] 동사 조직하다, 체계화하다
We are **organizing** a large festival.
우리는 큰 축제를 준비하고 있다.

08 **apology**
↓
apologize

[əpάlədʒi] 명사 사과, 양해를 구하는 말

[əpάlədʒàiz] 동사 사과하다
Let's go and **apologize** to them.
가서 그분들께 사과하자.

y로 끝나는 단어는
y를 없애고 -ize를
붙여.

en-을 앞에 붙여 동사를 만들기도 해. (254쪽)

09 **awake**
⬇
awaken

[əwéik] **형용사** 깨어 있는, 잠들지 않은

e로 끝나는 단어는 n만 붙이면 된다구.

[əwéikən] **동사** 깨다, 깨우다, 깨우치다
I was **awakened** by a loud noise.
나는 시끄러운 소리에 잠이 깼다.

10 **fright**
⬇
frighten

[frait] **명사** 놀람, 두려움

[fráitən] **동사** 놀라게 하다, 겁먹게 하다
I didn't mean to **frighten** you.
당신을 놀라게 하려고 한 게 아니었습니다.

11 **threat**
⬇
threaten

[θret] **명사** 협박, 위협

[θrétən] **동사** 협박하다, 위협하다
Someone **threatened** him.
누군가 그를 위협했다.

12 **strength**
⬇
strengthen

[streŋkθ] **명사** 힘, 기운, 강도; 강점

[stréŋkθən] **동사** 강화하다, 강력해지다
Those exercises **strengthen** the legs.
그 운동들은 다리를 튼튼하게 해 준다.

🖈 우리말 참고하여 단어 쓰기

01 clear
분명한, 확실한

02 _____
보통의, 정상적인

03 _____
확실한

04 _____
전통적인

-ly

분명히, 또렷하게

보통, 보통 때는

확실히

전통적으로

05 real
진짜의, 실제의

06 _____
현대의

07 _____
장기, 기관

08 _____
사과

-ize

깨닫다

현대화하다

조직하다

사과하다

09 awake
깨어 있는

10 _____
놀람, 두려움

11 _____
협박, 위협

12 _____
힘

-(e)n

깨다, 깨우다

놀라게 하다, 겁먹게 하다

협박하다, 위협하다

강화하다

Day 49

앞에 붙어 **동사**를 만드는 *en-*

-(e)n을 뒤에 붙여
동사를 만들기도
해. (252쪽)

01 **rich**

[ritʃ] 형용사 부유한

⬇

enrich

[inrítʃ] 동사 풍요롭게 하다

Those inventions **enriched** our lives.
그 발명품들은 우리의 삶을 풍요롭게 해주었다.

02 **large**

[lɑ:rdʒ] 형용사 큰

⬇

enlarge

[inlɑ́:rdʒ] 동사 확대하다

Have this picture **enlarged**, please.
이 사진을 확대해 주세요.

03 **able**

[éibl] 형용사 ~할 수 있는, 능력 있는, 재능 있는

⬇

enable

[inéibl] 동사 ~할 수 있게 하다, 가능하게 하다

The invention will **enable** us to fly through the air.
그 발명품은 우리가 하늘을 날 수 있게 해 줄 것이다.

04 **courage**

[kə́:ridʒ] 명사 용기

⬇

encourage

[inkə́:ridʒ] 동사 용기를 북돋다, 격려하다

My parents always **encourage** me.
부모님은 언제나 나를 격려해 주신다.

05 **happy**
⬇
unhappy

[hǽpi] 형용사 행복한

[ʌnhǽpi] 형용사 불행한
I was homeless and **unhappy**.
나는 집이 없었고 불행했다.

06 **usual**
⬇
unusual

[júːʒuəl] 형용사 흔히 하는, 평상시의, 보통의

[ʌnjúːʒuəl] 형용사 흔치 않은, 드문
It's **unusual** for Dad to come home late.
아빠가 늦게 귀가하시는 일은 흔치 않다.

07 **fair**
⬇
unfair

[fɛər] 형용사 타당한, 온당한; 공평한

[ʌnfɛər] 형용사 부당한; 불공평한
Mom, it's so **unfair**.
엄마, 그건 무지 불공평해요.

08 **fortunately**
⬇
unfortunately

[fɔ́ːrtʃənətli] 부사 다행스럽게도, 운 좋게도

[ʌnfɔ́ːrtʃənətli] 부사 불행히도, 유감스럽게도
Unfortunately, we lost our umbrellas.
불행히도 우리는 우산을 잃어버렸다.

09 **possible**
⬇
impossible

[pásəbl] 형용사 가능한, 있을 수 있는

[impásəbl] 형용사 불가능한
Do you think that is impossible?
불가능한 일이라고 생각하나요?

10 **polite**
⬇
impolite

[pəláit] 형용사 예의 바른, 공손한

[ìmpəláit] 형용사 무례한, 실례되는
It's impolite to ask those questions.
그런 질문들을 하는 것은 예의에 어긋난다.

11 **moral**
⬇
immoral

[mɔ́:rəl] 형용사 도덕적인, 도덕상의

[imɔ́:rəl] 형용사 부도덕한, 비도덕적인
I don't think he is an immoral man.
나는 그가 비도덕적인 사람이라고 생각하지 않는다.

12 **proper**
⬇
improper

[prápər] 형용사 적절한, 제대로 된, 참된

[imprápər] 형용사 부당한, 부적절한, 잘못된
Don't accept the money. It's improper.
그 돈을 받지 마. 적절하지 않아.

🔖 우리말 참고하여 단어 쓰기

01 rich
부유한 → 풍요롭게 하다

02
큰 → 확대하다

03
~할 수 있는 → ~할 수 있게 하다

en-

04
용기 → 용기를 북돋다

05 happy
행복한 → 불행한

06
흔히 하는, 평상시의 → 흔치 않은, 드문

un-

07
타당한; 공평한 → 부당한; 불공평한

08
다행히도 → 불행히도

09 possible
가능한 → 불가능한

10
예의 바른 → 무례한

im-

11
도덕적인 → 부도덕한

12
적절한 → 부당한, 부적절한

앞에 붙어 **"잘못"**의 뜻을 만드는 *mis-*

01 **understand**

⬇

misunderstand

[ʌ̀ndərstǽnd] **동사** 이해하다

[mìsʌndərstǽnd] **동사** 오해하다

I hope you don't **misunderstand** me.
오해하지 않으셨으면 합니다.

02 **lead**

⬇

mislead

[li:d] **동사** 이끌다, 지휘하다, 안내하다

[mislí:d] **동사** 잘못 인도하다, 오도하다

Be careful not to **mislead** them.
그들을 잘못 이끌지 않도록 조심해.

03 **use**

⬇

misuse

[ju:z] **동사** 사용하다

[misjú:z] **동사** 남용하다, 오용하다, 악용하다

He damaged his car by **misusing** the trailer.
그는 트레일러를 잘못 사용해서 차에 손상을 입혔다.

04 **guide**

⬇

misguide

[gaid] **동사** (특정 장소로) 안내해서 데려가다, 인도하다

[misgáid] **동사** 잘못 이끌다, 잘못 인식시키다, 오도하다

The report is **misguiding** its readers.
그 보고서는 독자를 오도하고 있다.

05 **like**

[laik] 동사 좋아하다

↓

dislike

[disláik] 동사 싫어하다

Why do you dislike her?

너는 왜 그녀를 싫어하니?

06 **agree**

[əgríː] 동사 동의하다

↓

disagree

[dìsəgríː] 동사 동의하지 않다, **의견이 다르다**

Even friends disagree sometimes.

친구 사이에도 의견이 다를 때가 있다.

07 **appear**

[əpíər] 동사 나타나다

↓

disappear

[dìsəpíər] 동사 사라지다

The cat disappeared without a trace.

고양이는 흔적도 없이 사라졌다.

08 **order**

[ɔ́ːrdər] 명사 정돈, 질서

↓

disorder

[disɔ́ːrdər] 명사 엉망, 무질서

The entire house is in a state of disorder.

집안이 온통 엉망이다.

09 **make**
⬇
remake

[meik] 동사 만들다

[rìːméik] 동사 다시 만들다
Old Boy was **remade** by Hollywood in 2013.
"올드 보이"는 2013년에 할리우드에서 리메이크되었다.

10 **view**
⬇
review

[vjuː] 동사 ~라고 여기다, 보다

[rivjúː] 동사 재검토하다, 복습하다
I have to **review** all of this.
나는 이걸 모두 다시 봐야 한다.

11 **cycle**
⬇
recycle

[sáikl] 동사 순환하다

[riːsáikl] 동사 재활용하다
We **recycle** bottles and paper.
우리는 병과 종이를 재활용한다.

12 **form**
⬇
reform

[fɔːrm] 동사 형성하다, 구성되다

[rifɔːrm] 동사 개선하다, 개혁하다, 개정하다
The law needs to be **reformed**.
그 법은 개정되어야 한다.

🔖 우리말 참고하여 단어 쓰기

01 understand
이해하다

02
이끌다

03
사용하다

04
안내해서 데려가다

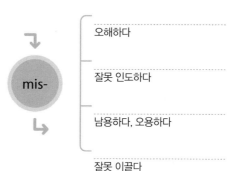
mis-

오해하다

잘못 인도하다

남용하다, 오용하다

잘못 이끌다

05 like
좋아하다

06
동의하다

07
나타나다

08
정돈, 질서

dis-

싫어하다

동의하지 않다

사라지다

엉망, 무질서

09 make
만들다

10
~라고 여기다, 보다

11
순환하다

12
형성하다

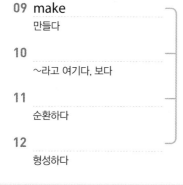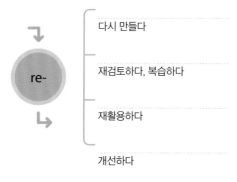
re-

다시 만들다

재검토하다, 복습하다

재활용하다

개선하다

Answers

PART 1

Day 01

A 01 소개하다   02 고향

03 시내에(서); 시내   04 같은

05 교복, 제복   06 학급 친구

07 숙제, 과제   08 만나다

09 greet   10 nickname

11 lucky   12 different

13 class   14 favorite

15 library   16 pretty

B 17 class, classmate

18 work, homework

19 same, different

C 20 after school

21 good at

22 good for

Day 02

A 01 배경, 배경지식   02 현명한, 슬기로운

03 정말로   04 친절한, 다정한

05 생일   06 재미, 장난

07 향상시키다   08 연결하다; 가입하다

09 diary   10 member

11 usually   12 lovely

13 glad   14 special

15 trouble   16 sound

B 17 birth, birthday

18 friend, friendly

19 wise, wisdom

C 20 make friends

21 Look at

22 get along

Day 03

A 01 영웅   02 우정

03 즐기다   04 짓다, 건축하다

05 과학   06 쉬운; 편안한

07 ~할 수 있는   08 시력; 명소

09 teenager   10 hobby

11 practice   12 waste

13 history   14 difficult

15 early   16 source

B 17 easy, difficult

18 early, late

19 able, ability

C 20 late for

21 able to

22 look like

Day 04

A 01 빛나다   02 물; 물을 주다

03 공간; 우주   04 이기다

05 상, 상품   06 재료, 자료

07 약한   08 아주 멋진

09 plant   10 important

11 active   12 lose

13 fight   14 ride

15 strong   16 terrible

B 17 win, lose

18 strong, weak

19 active, activity

C 20 on weekends

21 next to

22 Wait for, in front of

Day 05

A 01 건강 02 두통

03 아픈, 따가운 04 콧물이 흐르는

05 병, 질환 06 조심하는

07 자라다 08 아마, 혹시

09 ache 10 stomach

11 throat 12 rest

13 kindness 14 absent

15 watch 16 already

B 17 grow, growth

18 kind, kindness

19 health, healthy

C 20 have a, cold

21 see a doctor

22 take care of

Day 06

A 01 애완동물 02 먹이를 주다

03 관심 있어 하는 04 기쁜, 기뻐하는

05 씨앗, 종자 06 고기

07 아마, 혹시 08 때때로, 가끔

09 vet 10 bleed

11 excited 12 worried

13 vegetable 14 dish

15 anyway 16 once

B 17 feed, bleed

18 interested, exciting

19 once, twice

C 20 am interested in

21 do [wash] the dishes

22 set the table

Day 07

A 01 일; 직업 02 아나운서

03 요리사; 요리하다 04 회사; 단체

05 성격; 개성 06 간단한; 소박한

07 믿다, 신뢰하다 08 필요로 하다

09 cartoonist 10 entertainer

11 popular 12 factory

13 marry 14 couple

15 cool 16 visit

B 17 announce, announcer

18 visit, visitor

19 cartoon, cartoonist

C 20 go on a picnic

21 go swimming

22 did a good job

Day 08

A 01 크기, 치수 02 100만; 수많은

03 두 배의 04 4분의 1

05 세다, 계산하다 06 증가하다; 증가

07 양, 총액 08 어떤 것, 무엇

09 number 10 heavy

11 half 12 dozen

13 add 14 decrease

15 several 16 everything

B 17 add, addition

18 heavy, light

19 increase, decrease

C 20 a piece of

21 a lot of

22 a few

A 01 옷, 의복　　02 입다, 착용하다

03 비용; 값이 ~이다　04 모으다

05 더러운　　06 값이 싼

07 걸다, 매달다　　08 깨다; 쉬다

09 glasses　　10 fit

11 fare　　12 cancel

13 clean　　14 expensive

15 throw　　16 check

B 17 clean, dirty

18 cheap, expensive

19 collect, collection

C 20 take out

21 Put on

22 take off

A 01 삶, 생활　　02 이웃

03 충고　　04 신문

05 목표; 표적　　06 타격; 때리다

07 증거　　08 농담, 우스개

09 death　　10 remember

11 problem　　12 foreign

13 chief　　14 experience

15 return　　16 month

B 17 live, death

18 advise, advice

19 month, monthly

C 20 take a trip

21 take a walk

22 hurry up

A 01 맛있는　　02 깨물다; 한 입

03 요리; 강의　　04 주문하다; 주문

05 그릇　　06 씻다

07 밀가루　　08 포장하다

09 thirsty　　10 meal

11 dessert　　12 diet

13 pot　　14 spill

15 mix　　16 boil

B 17 dessert, desert

18 mix, mixture

19 delicious, yummy

C 20 prepare for

21 do, a favor

22 eating out

A 01 방학, 휴가　　02 거리; 먼 곳

03 해변　　04 고르다, 선택하다

05 가까운; 가까이　06 닫다; 가까운, 친한

07 파괴하다　　08 모으다, 모이다

09 plan　　10 outdoor

11 wild　　12 match

13 famous　　14 area

15 discover　　16 use

B 17 use, useful

18 choose, choice

19 outdoor, indoor

C 20 make noise

21 is famous for

22 used to

Day 13

A
01 공원; 주차하다
02 환경
03 고르다; 꺾다
04 유지하다
05 날씨
06 건조한; 말리다
07 게으른, 느긋한
08 딱딱한; 어려운
09 trash
10 protect
11 carry
12 fine
13 wet
14 flow
15 diligent
16 manage

B
17 lazy, diligent
18 wet, dry
19 environment, environmental

C
20 fell down
21 under the weather
22 pick, up

Day 14

A
01 약속; 임명
02 앞의, 이전의
03 웃다
04 숲
05 움직이다
06 전갈, 메시지
07 시간; 때
08 과거
09 leisure
10 dark
11 promise
12 shadow
13 prevent
14 blow
15 present
16 future

B
17 laugh, laughter
18 move, movement
19 dark, darkness

C
20 keep, promise
21 drop by
22 at once

Day 15

A
01 뜻하다
02 알다
03 대답하다
04 운동하다; 운동
05 바쁜
06 아이
07 돌다; 회전
08 지나가다; 합격, 통행
09 speak
10 understand
11 hold
12 climb
13 business
14 adult
15 contest
16 miss

B
17 adult, adulthood
18 speak, speech
19 know, knowledge

C
20 instead of
21 is busy preparing
22 According to

Day 16

A
01 달팽이
02 편리한
03 발명하다
04 수학
05 책임 있는
06 모양, 형태
07 만족시키다
08 선물; 재능
09 repair
10 search
11 subject
12 report
13 straight
14 pattern
15 rainbow
16 nature

B
17 convenient, convenience
18 responsible, responsibility
19 nature, natural

C
20 as well as
21 both, and
22 Either, or

Day 17

A
01 부, 부유함 　 02 부서
03 가치; 가치 있는 　 04 현금
05 계산서; 지폐 　 06 전문적인; 전문직 종사자
07 직업, 직장 생활 　 08 시계
09 celebrate 　 10 compare
11 price 　 12 change
13 produce 　 14 trade
15 garage 　 16 besides

B
17 healthy, wealth, wealthy
18 worthless, priceless
19 profession, professional

C
20 change, into
21 found out
22 consists of

Day 18

A
01 다치게 하다 　 02 조사하다
03 부분; 헤어지다 　 04 눈이 먼
05 고려하다 　 06 불안한
07 감정 　 08 성공하다
09 medicine 　 10 method
11 whole 　 12 deaf
13 beg 　 14 upset
15 bury 　 16 fail

B
17 whole, part
18 succeed, fail
19 success, failure

C
20 get over
21 suffering from
22 In fact

Day 19

A
01 존경; 존경하다 　 02 친척; 상대적인
03 흔한; 공통의 　 04 확실한
05 배달하다 　 06 초대하다
07 충분한 　 08 예의바른, 공손한
09 elder 　 10 ancestor
11 strange 　 12 danger
13 finish 　 14 taste
15 empty 　 16 rude

B
17 empty, rude
18 taste, tasty
19 deliver, delivery

C
20 set up
21 in trouble
22 at the same time

Day 20

A
01 여행하다; 여행 　 02 지구의
03 떠나다; 두다 　 04 기초; 맨 아래 부분
05 허락하다 　 06 위층으로; 위층
07 그리다; 당기다 　 08 일반적인; 장군
09 journey 　 10 abroad
11 arrive 　 12 basket
13 correct 　 14 condition
15 follow 　 16 especially

B
17 upstairs, downstairs
18 leave, arrive
19 correct, wrong

C
20 happened to
21 belongs to
22 look forward to

PART 2

Day 21

A 01 주소 02 시작하다
03 가져오다 04 존경하다
05 사회의 06 따분한; 둔한
07 손상 08 의심; 의심하다
09 locate 10 bet
11 pay 12 volunteer
13 crazy 14 chance
15 decide 16 educate

B 17 located in
18 right away [now]
19 keep in touch

Day 22

A 01 균형 02 표현하다
03 두뇌; 지능 04 살아 있는
05 쓰다; 보내다 06 잊다
07 의논하다 08 공정한; 타당한
09 appear 10 broadcast
11 breathe 12 enter
13 cure 14 remind
15 equal 16 rough

B 17 out of order
18 out of fashion
19 out of sight

Day 23

A 01 문화 02 100년, 세기
03 의사소통하다 04 모험
05 사고; 우연 06 눈물, 울음
07 두려워하는 08 의식, 격식

09 custom 10 tax
11 citizen 12 except
13 traffic 14 burn
15 bright 16 bottom

B 17 by accident
18 Calm down
19 afraid of

Day 24

A 01 나눠주다; 거래 02 빌리다
03 점원, 직원 04 최근의
05 보물 06 벌다, 받다
07 ~이 들어 있다 08 전체의
09 advertise 10 charge
11 cause 12 duty
13 population 14 expect
15 weigh 16 final

B 17 After all
18 made [earned], money
19 gained, weight

Day 25

A 01 창조하다 02 여행
03 궁금한 04 한계; 제한하다
05 공격; 공격하다 06 계속되다
07 거절하다 08 화난, 성난
09 exist 10 treat
11 anxious 12 enemy
13 pain 14 freeze
15 huge 16 unless

B 17 get rid of
18 anxious about
19 as usual

Day 26

A
01 행동하다
02 신뢰; 믿다
03 편안함; 위로
04 도망가다, 탈출하다
05 제공하다, 주다
06 상상하다
07 도, 정도; 학위
08 외로운, 쓸쓸한
09 advantage
10 excellent
11 honest
12 solve
13 skill
14 lift
15 peace
16 matter

B
17 get together
18 Provide, with
19 Turn off

Day 27

A
01 언쟁하다
02 속임수; 마술
03 힘, 영향력; 군대
04 받아들이다
05 공유하다
06 포함하다
07 놓다, 두다
08 작동시키다
09 explain
10 silent
11 agree
12 complain
13 poem
14 harm
15 praise
16 measure

B
17 am fond of
18 take part in
19 dress up

Day 28

A
01 드문, 희귀한
02 살아남다
03 경고하다
04 전기의
05 무덤, 묘소
06 기구; 악기
07 말하다
08 귀중한
09 advance
10 community

11 scream
12 seldom [rarely]
13 height
14 period
15 cheer
16 notice

B
17 run out of
18 paid for
19 Cheer up

Day 29

A
01 사과, 변명
02 가치, 중요성
03 경기장; 법정
04 독특한, 유일한
05 규칙적인
06 실망시키다
07 숨기다
08 오염시키다
09 disease
10 tough
11 tradition
12 furniture
13 reach
14 reject
15 loud
16 pretend

B
17 on my way
18 upside down
19 took pictures of

Day 30

A
01 돕다, 거들다
02 특이한, 별난
03 분명한; 맑은
04 완벽한; 완료하다
05 목소리
06 짐작하다
07 영향
08 개인의; 개인
09 fill
10 exchange
11 tongue
12 exact
13 similar
14 slip
15 president
16 nod

B
17 is filled with
18 are similar to
19 are different from

Day 31

A
01 고대의 02 행실; 실시하다
03 이유, 근거 04 안내; 안내하다
05 올리다 06 외치다
07 신문; 누르다 08 평범한, 정상적인
09 appreciate 10 eager
11 develop 12 international
13 secret 14 lead
15 pride 16 mind

B
17 and so on
18 on sale
19 am about to

Day 32

A
01 청중, 관중 02 깨닫다
03 깨다, 깨우다 04 연결하다
05 용서하다 06 지체; 미루다
07 수확; 수확하다 08 개인이 소유한
09 sudden 10 avoid
11 exhibit 12 view
13 reserve 14 direction
15 object 16 knock

B
17 made a reservation
18 see, off
19 got on

Day 33

A
01 운동선수 02 해결하다; 정착하다
03 마음을 끌다 04 놀라움
05 게으른 06 놀랍게 하다
07 제거하다 08 처벌하다
09 brave 10 familiar

11 situation 12 receive
13 insist 14 divide
15 position 16 safe

B
17 stayed up
18 due to
19 at least

Day 34

A
01 사라지다 02 군중, 무리
03 ~에 바치다 04 길이, 기간
05 맞은편의 06 공공의, 대중의
07 반복하다 08 붓다
09 serious 10 gain
11 explore 12 handle
13 narrow 14 route
15 save 16 quite

B
17 succeeded in
18 Thanks to
19 covered with

Day 35

A
01 법, 법률 02 요구; 요구하다
03 고위의; 연장자 04 극복하다
05 힘; 세력 06 결과, 성과
07 선정하다 08 ~ 자신의
09 nation 10 necessary
11 junior 12 pardon
13 grade 14 mistake
15 prove 16 scene

B
17 gave, a, hand
18 got a, grade
19 As a result

Day 36

A
01 용기
02 몸짓 언어
03 무시하다
04 산업, 공업; 근면
05 환자; 참을성 있는
06 제안하다; 제안
07 토론; 토론하다
08 훔치다
09 observe
10 recover
11 congratulate
12 local
13 remain
14 fortune
15 machine
16 scare

B
17 step by step
18 make it
19 give up

Day 37

A
01 습관, 버릇
02 가능한
03 육체의; 물질의
04 긍정적인
05 출판하다
06 복종하다
07 곤충
08 집중하다
09 perform
10 impossible
11 mental
12 negative
13 depend
14 major
15 supply
16 stick

B
17 are ready for
18 Stand in line
19 depend on

Day 38

A
01 박물관
02 기억
03 장식하다
04 특정한
05 가정하다
06 알약
07 제안하다
08 온도, 기온
09 language
10 magazine
11 information
12 harmony
13 progress
14 ocean
15 medical
16 tight

B
17 First of all
18 From now on
19 make an effort

Day 39

A
01 판사; 판단하다
02 쓰레기; 쓰레기통
03 재사용하다
04 동정심
05 실험; 실험하다
06 ~을 더 좋아하다
07 대신하다
08 일정
09 honor
10 recycle
11 reduce
12 persuade
13 import
14 achieve
15 spoil
16 storm

B
17 takes place in
18 put off
19 prefer, to

Day 40

A
01 민주주의
02 일어나다
03 묘사하다
04 열정
05 느슨한
06 재산
07 근육; 힘
08 알아보다
09 liberty
10 principal
11 opinion
12 purpose
13 attend
14 lend
15 require
16 graduate

B
17 came up with
18 Pay attention to
19 In the end

PART 3

Day 41

01 collect → collection
02 protect → protection
03 educate → education
04 invite → invitation
05 dark → darkness
06 fit → fitness
07 unique → uniqueness
08 lazy → laziness
09 move → movement
10 develop → development
11 entertain → entertainment
12 treat → treatment

Day 42

01 grow → growth
02 true → truth
03 wide → width
04 deep → depth
05 electric → electricity
06 similar → similarity
07 pure → purity
08 curious → curiosity
09 differ → difference
10 prefer → preference
11 perform → performance
12 attend → attendance

Day 43

01 arrive → arrival
02 propose → proposal
03 survive → survival
04 bury → burial

05 press → pressure
06 fail → failure
07 please → pleasure
08 depart → departure
09 honest → honesty
10 difficult → difficulty
11 jealous → jealousy
12 discover → discovery

Day 44

01 hunt → hunter
02 follow → follower
03 visit → visitor
04 invent → inventor
05 cartoon → cartoonist
06 tour → tourist
07 novel → novelist
08 journal → journalist
09 magic → magician
10 music → musician
11 comedy → comedian
12 history → historian

Day 45

01 harm → harmful
02 power → powerful
03 cheer → cheerful
04 success → successful
05 culture → cultural
06 nature → natural
07 profession → professional
08 environment → environmental
09 create → creative
10 attract → attractive
11 expense → expensive
12 effect → effective

Day 46

01 danger → dangerous
02 nerve → nervous
03 humor → humorous
04 fame → famous
05 fool → foolish
06 child → childish
07 style → stylish
08 self → selfish
09 comfort → comfortable
10 enjoy → enjoyable
11 reason → reasonable
12 value → valuable

Day 47

01 friend → friendly
02 love → lovely
03 cost → costly
04 time → timely
05 luck → lucky
06 health → healthy
07 wealth → wealthy
08 taste → tasty
09 limit → limitless
10 home → homeless
11 price → priceless
12 worth → worthless

Day 48

01 clear → clearly
02 normal → normally
03 certain → certainly
04 traditional → traditionally
05 real → realize

06 modern → modernize
07 organ → organize
08 apology → apologize
09 awake → awaken
10 fright → frighten
11 threat → threaten
12 strength → strengthen

Day 49

01 rich → enrich
02 large → enlarge
03 able → enable
04 courage → encourage
05 happy → unhappy
06 usual → unusual
07 fair → unfair
08 fortunately → unfortunately
09 possible → impossible
10 polite → impolite
11 moral → immoral
12 proper → improper

Day 50

01 understand → misunderstand
02 lead → mislead
03 use → misuse
04 guide → misguide
05 like → dislike
06 agree → disagree
07 appear → disappear
08 order → disorder
09 make → remake
10 view → review
11 cycle → recycle
12 form → reform

Index